主編｜李子建　鄭保瑛　鄧穎瑜

編著｜李子建　鄭保瑛　鄧穎瑜　林蘇晗
　　　姚依彤　高彥靜　戚紹忠
　　　香港教育大學香港教育博物館

U0061528

眾志成城

灣仔、東區與
南區學校的故事

中華書局

本書編委會

「香港教育故事」 叢書系列主編	李子建教授（香港教育大學學術及首席副校長、 　　　　　　教育承傳計劃顧問委員會主席） 鄭保瑛博士（香港教育大學圖書館館長） 鄧穎瑜女士（香港教育大學香港教育博物館館長）
本書編著者	李子建教授 鄭保瑛博士 鄧穎瑜女士 林蘇晗女士（香港教育大學香港教育博物館助理館長） 姚依彤小姐（香港教育大學香港教育博物館助理館長） 高彥靜小姐（香港教育大學香港教育博物館助理館長） 戚紹忠先生（香港教育大學圖書館助理館長）
人物專訪主持及 支援團隊	李子建教授（專訪主持） 鄭保瑛博士 鄧穎瑜女士 林蘇晗女士 姚依彤小姐 高彥靜小姐 張希彤女士（香港教育大學學術及首席副校長辦公室行政主任） 芮筠庭女士（香港教育大學學術及首席副校長辦公室行政主任） 陳凱寧女士（香港教育大學學術及首席副校長辦公室行政助理） 拍攝、錄影及短片編輯 黃嘉樂先生（香港教育大學圖書館媒體製作主任） 崔朗聰先生（香港教育大學圖書館圖書館助理） 麥家發先生（香港教育大學圖書館技術員）
專家顧問	梁操雅博士（香港教育大學社會科學系客席講師）
協助撰稿	葉佩聰女士（香港教育大學圖書館助理館長）
網站程式編寫	徐偉隆先生（香港教育大學圖書館助理館長）
地圖繪製	陳慧羚小姐（香港教育大學圖書館圖書館助理）

序

　　過去三年，新冠肺炎蔓延全球，無論對國家還是個人，都是極其艱難的經歷。縱然如此，我們於疫情期間仍無懼種種困難和挑戰，從港島中西區出發，再踏遍九龍、新界及離島，與讀者一起探索香港社區的演變，聆聽不同學校的故事。2022 年中，新冠疫情稍為放緩，校園生活逐漸回復正常，我們亦重臨香港島，以文字和影像，記下灣仔、東區和南區學校今昔的人和事。

　　灣仔這個開發多年的社區，新舊商廈住宅交錯林立，傳統露天街市和潮流商舖並存，對比強烈，卻也饒富趣味。漫步東區海濱，曾經名滿亞洲的太古船塢，如今只留下相片和基石作為憑證。歲月無情，令人唏噓。至於港島南區，大家又有何聯想？是香港自家品牌的主題公園？充滿地中海風情的赤柱大街？香港仔的漁港和海鮮舫？還是擁有無敵海景的公共屋邨？且聽我們細說這三區的故事。

　　教育向來緊扣經濟脈搏，為不斷演變的各行各業培養人才，是社會發展的動力來源。從教育的發展歷史，我們更可以看到不同時期的社會面貌。自 2018 年起，香港教育大學香港教育博物館先後出版了五部專著，其中三部《搖籃地 —— 中西區教育今昔》、《承教·城傳：九龍學校的故事》和《林蔭下的教育：新界和離島學校的故事》，以地區劃分，記錄了從英國管治初期到今天的學校歷史、發展和特色。而本書更嘗試以另外角度，從人口增長、城市規劃和工業發展三方面，記錄三區的歷史進程，讓讀者一睹香港由小漁港發展成為大都會的經過。

　　1841 年英軍佔領香港島時，島上僅得約 20 條村落與數千居民。由於英國政府銳意將香港發展為轉口貿易港，創造了大量就業機會，吸引內地人口南來工作。其後，九龍及新界相繼被納入英國管治，加上清末民初內

地的動盪政局、二戰及內戰時期的難民湧入，每項歷史大事都令本港人口急增。到了 1961 年，本港人口已逾 300 萬。

為了應對社會發展和民生需要，二戰後政府開始着重城市規劃，在灣仔再度填海，在東區和南區興建公營房屋，改善居住環境等等；這些舉措亦帶動私人屋苑的發展。至於學校，作為必要的社區設施，也紛紛在公共屋邨和私人屋苑附近落成。同時，為配合城市發展和改善教學環境，不少原本位於港島中西區的學校也要搬遷，部分還選擇落戶灣仔、東區和南區。

城市發展和人口增長無疑令全港各區需要更多教育資源，因而推動政府加建學校；另一方面，經濟發展和社會轉型亦帶來對新型職業及技術培訓的大量需求。

隨着香港的轉口港地位不斷提升，船塢、鐵路、港口設施和機場等陸續興建，加上其他大型基建項目，本港對技術人員的需求有增無減。1933 年，政府首先開辦初級工業學校，並不斷擴充和改善制度，及後加設香港官立高級工業學院，為經濟發展所需人才提供較全面的工業技術培訓。

國共內戰期間，大批內地企業家帶同資金和人才赴港，促成本地輕工業的興起。1950 年代初，韓戰爆發，聯合國對華實施貿易禁運，令香港的轉口港角色式微；工業由是起而代之，成為本地經濟命脈，造就往後 30 年製造業的黃金時期。為配合業內對技術人員的渴求，不同團體積極開辦工業和職業學校，當中不少工業學校和學院位於灣仔、東區和南區。到了 1990 年代，內地改革開放令香港產業結構再度轉型，金融服務業興起；而工業和職業學校的技能培訓課程卻與社會需要日益脫節。1997 年，

政府建議這類學校在校名中撤去與職業相關的稱謂，並取消不合時宜的科目。本地中小學級別的工業教育從此漸次消失，改由職業訓練局接辦，為香港教育發展其中一個重要篇章，劃上句號。

本書的編著團隊走訪了三區歷史悠久的學校，它們有些是由社會賢達或政府成立，有些則由不同辦學團體創立或營運，包括：企業、宗教團體和街坊組織等。每所學校各有所長，也各具特色。師長校友親口敍述的往事，加上他們提供的珍貴舊照和文物，重塑了昔日的校園和社區生活，更反映他們對母校的深情厚誼。

在此，編著團隊謹向每位受訪的資深教育工作者、校監、校長、老師、校友和同學，致以衷心謝意。全賴各位慷慨撥冗，並提供資料和照片，本書才能付梓。雋永的校園故事，不僅給後人留下吉光片羽，也為香港的地區和教育發展史增添感情和趣味。

李子建、鄭保瑛、鄧穎瑜

目錄

由於篇幅所限，本書內文未能收錄各個訪問全部珍貴的內容。讀者可使用手機掃描此二維碼瀏覽本書網站，觀看所有訪問的足本錄影及照片。

第一章

再訪香港島——
灣仔、東區與南區教育的發展

編著者 李子建、鄭保瑛

位於中區堅道的意大利修院學校（現嘉諾撒聖心書院）。攝於約 1920 年代。
圖片來源：香港歷史博物館藏品，香港特別行政區政府准予複製

　　香港教育博物館「香港教育故事」叢書系列作品之一《搖籃地 ──
中西區教育今昔》，講述了本港現代教育制度的發祥地 ── 港島中西區
多所學校的歷史、校舍建築特色及周邊社區的變遷。叢書系列其後出版的
書冊更進一步為讀者介紹了九龍、新界和離島教育發展歷史，以及各區學
校和校友的故事。本書作為「香港教育故事」叢書系列回顧香港各區教育
發展與學校掌故三部曲的延續，將與讀者一起重訪港島，聚焦於灣仔、東
區與南區的教育發展及學校歷史，並藉此探討百多年來香港的人口增長、
城市規劃及工業發展與各區學校發展的關係。

一、灣仔、東區與南區發展的背景因素

　　1841 年，英軍佔領香港島。當時島上約有 20 條村落，數千名水陸居
民。港府隨後將港島西北岸開闢為「女王城」（1843 年正式命名為「維多
利亞城」），作為城市建設的範圍；城區內上環為華人主要聚居地，而中
環則屬政治和經濟中心。1844 年，聚居維多利亞城及附近水域的華人已
逾 13,000 人。

　　至於今天的灣仔及銅鑼灣一帶（即當時的下環），早年除了用作倉庫
和住宅外，其餘多為軍事用地。今日的東區原為臨海山崖，人煙稀少，僅
筲箕灣及亞公岩有較多居民。直至十九世紀末，太古洋行投得鰂魚涌一帶
土地，開設煉糖廠，1907 年又興建船塢，該區才逐漸發展。港島南區反
而很早已有較多人聚居，主要是黃竹坑、薄扶林及赤柱的農民和漁民，也
有從事轉運工作的工人。南區香港仔的石排灣早年便以轉口由東莞運來的
香木製品聞名，而赤柱更曾是港島人口最多的地區。

圖中左方為摩理臣山；前方可見坐落在灣仔海旁的貨倉。攝於約 1870 年。
圖片來源：香港歷史博物館藏品，香港特別行政區政府准予複製

人口增長與教育需求

　　香港被英國強佔後成為轉口貿易港，港島隨即迅速發展，對勞動人口需求殷切，提供大量就業機會，因而吸引不少內地人南來從事打石、建築及貿易等工作。短短 20 年間，全港人口已逾十萬，其中九成半為華人。隨着九龍和新界先後被歸入英國管治，香港的範圍擴大，加上清末民初內地環境動盪，大量人口南移，全港人口因而不斷增加。

　　1937 年中日戰爭全面爆發，香港初時仍未被波及，數以十萬計的難民逃到香港，令全港人口由 1936 年的不足 100 萬激增至 1941 年的 160 萬。二戰結束後，許多在日佔時期離港的居民陸續返港。其後，國共內戰和政權變易，很多內地人湧到香港。1950 年，人口增至約 200 萬。此外，大量人口在這段稱為「嬰兒潮」的時期出生，全港人口增長率維持高水平。到了 1961 年，香港人口已逾 300 萬。

　　香港教育系統不僅面對人口增加，還深受政策影響。1971 年，時任港督戴麟趾爵士推行「六年免費教育」，頒令 6 至 12 歲之適齡兒童，必

早於 1941 年開始，庇理羅士女子中學學生已為失學兒童開辦免費
暑假學習班。圖為學習班指導老師與學生領袖合照。攝於 1954 年。
圖片來源：庇理羅士女子中學

二戰後，香港華仁書院熱心參與社會服
務。除了開辦夜校，更於 1946 年成立華
仁貧童會，服務街上的擦鞋童。
圖片來源：紀歷有限公司

須接受義務小學教育。1978 年，繼任港督麥理浩爵士更進一步實施「九
年免費教育」，將義務教育範圍擴展到初中。灣仔、東區及南區，以至全
港各區學生人數與學額需求，亦因而與日俱增。

經濟轉型與工業教育

　　香港由以漁農為本業的「杳無人煙的荒島」，發展成為今天的國際金
融中心，當中實有賴產業結構的轉變，因為每次轉變均能為經濟帶來增長
和新的發展動力。在此回顧香港過往多次主要的經濟結構轉型，正好有助
我們了解全港各區教育發展的一些背景因素。

　　1840 年代之前，香港的產業結構與中國傳統的自然經濟體系相似，
以農業、漁業、採珠及香業為主。香港在 1841 年被英國佔領後，發展為
自由港，船隻可自由進出。十九世紀末，香港已成為一個重要的貿易港口
和商業城市，與世界各地建立了穩定的貿易關係。香港早期貿易以販運鴉

片、勞工和走私貨物為主，其後商品種類不斷增加。二十世紀初，香港更成為亞洲乃至世界知名的轉口港，轉口貿易取代了漁農業，成為主導香港的經濟產業。

戰後，全球市場對日用輕工業產品的需求急增。可惜，1950 年韓戰爆發，聯合國實施對華禁運，香港的轉口貿易大受打擊。同時，由於政局動盪，大批內地企業家南遷到香港，本港經濟重心因此從轉口貿易轉向工業。紗線、紡織、成衣和塑膠等製造業相繼崛起。自 1980 年代開始，因勞工短缺、成本上漲，加上內地改革開放，不少本地廠商北上設廠，香港經濟由是從工業出口貿易再次轉型；在 1990 年代，服務業、金融及地產成為主要產業。

工業學校的發展更反映了社會經濟與教育的緊密關係。由於 1930 年代全球經濟大蕭條波及香港，政府開始意識到發展工業教育的重要性，遂於 1933 年首次設立全日制的工業學校 ——「初級工業學校」（現鄧肇堅維多利亞官立中學，參見本書第 93 頁），提供四年制的全日學徒前期訓練；又於 1937 年創辦「香港官立高級工業學院」（1972 年改組為「香港理工學院」，現香港理工大學）。雖然香港工業自 1950 年代起迅速發展，但市場卻一直缺乏已受培訓的技術勞工。有見及此，政府着手研究未來青少年職業教育的發展，並於 1965 年及 1973 年先後成立行業培訓諮詢委員會和香港訓練局。本港職業教育自此逐步擴展，工業學院紛紛成立，包括：摩理臣山工業學院（1969 年）、觀塘工業學院（1975 年）、葵涌工業學院（1975 年）、黃克競工業學院（1977 年）年及李惠利工業學院（1979 年）。這些工業學院當時由教育司署負責管理運作，主要為青少年提供由工藝至技術層面的職業訓練。職業訓練局於 1982 年成立後，接收了此類工業學院，其後再增設三所。至 1990 年代，由於本港經濟重心從製造業轉向服務業，相關課程的培訓焦點亦隨之改變。

城市規劃與社區設施

　　香港由昔日的漁港，發展成為今天的國際大都會，當中蘊含不同社區規劃及發展的遠見。1843 年，田土廳廳長及總量地官亞歷山大‧哥頓（Alexander T. Gordon）參考同期歐洲城市設計，草擬了香港首份城市規劃藍圖。這份早期的香港城市規劃在現今的中、上環及灣仔一帶部署了交通網絡、政經中心、住房及宗教文化活動區域。第二次世界大戰後，香港人口劇增，土地和房屋均供不應求。負責策劃倫敦近郊新市鎮的規劃師亞拔高比（Patrick Abercrombie）被派來港，研究香港的未來城市發展。1948 年，亞拔高比發表香港長遠規劃報告，建議開拓城市發展的空間，例如在九龍近郊和新界發展新市鎮，以及填海增加土地供應；報告又提出改善城市的交通設施，同時完善城市規劃法例及機制，並規劃政、商、工業及住宅的分佈。雖然政府最後因財政問題而並未實行，但這份規劃報告已提供了香港未來城市發展的整體方向。

灣仔簡介

　　灣仔名稱本意為「小海灣」，早年又稱「下環」，至十九世紀末「海旁東」填海完成，才改稱為「灣仔」，屬香港島開發較早的地區之一。灣仔原本的海岸線就是現今的皇后大道東，亦即洪聖廟（又稱大王廟）附近一帶。昔日位處醫院山山腳的灣仔道，因靠近海旁而發展成貨倉區，附近也有不少船塢、木廠和煤倉等與海上貨運相關的工業。1850 至 1860 年代，灣仔本屬華人社區，但在港島開始發展初期，不少葡萄牙人、外籍傳教士和商人到此聚居，成為早年少有的華洋雜居之處。

　　經過多次填海後，灣仔的海岸線不斷向北推進。現時多條主要街道均由填海而成，如：莊士敦道、軒尼詩道、駱克道和告士打道等，為香港提供更多商業及住宅用地。現今皇后大道東至灣仔北一帶商廈林立，設有各種公共設施，而香港會議展覽中心和金紫荊廣場更成為香港的地標之一。

1930 年代的灣仔道。由於鄰近跑馬地墳場，不少殯儀館和相關行業曾集中於灣仔道與天樂里一帶。
圖片來源：香港大學圖書館

Hongkong

灣仔的公寓及天台木屋；左下方為駱克道，上方為填海區。攝於 1970 年。
圖片來源：政府檔案處歷史檔案館

東區簡介

　　十九世紀末，港島東區僅有少數採石工人和漁民聚居。其後太古洋
行購入鰂魚涌、筲箕灣至西灣河多幅地皮，並陸續在此建立糖廠和船塢，
1965 年又買下了租用糖廠開辦的香港汽水廠。糖廠和船塢的開設，令東
區人口大幅增加，糖廠開業時招募了 3,000 多名員工；船塢開業後，又有
超過 5,000 名員工及家屬遷入太古工業城。1972 年，太古糖廠正式關閉。
太古將廠房翻新為包括工廠、貨倉和辦公大樓的太古工商業中心，其後又
在商業中心範圍內重建和新建多幢商業大廈。商廈之間以行人天橋或通道
相連，成為現時的太古坊。1972 年，太古船塢與香港黃埔船塢合辦新公
司，在青衣島興建香港聯合船塢。太古船塢原址則從 1975 年開始逐步發
展為新型商住區，即今日的太古城及太古城中心。

太古購入鰂魚涌多幅地皮，築建煉糖廠和船塢，發展為供數萬人居住的工業城。圖為太古船塢華人福利會的足球場與太古員工宿舍。攝於 1950 年代。
圖片來源：太古歷史檔案部

　　柴灣位處港島東北，二十世紀上半葉仍未有長足發展。二戰之後，政府為了解決當時居民的居住問題和就業問題，在柴灣興建了公共房屋和發展工業區。

南區簡介

　　十九世紀中葉，政府鑑於赤柱土地狹少，加上當時該處爆發疫症，故而選擇在港島北岸另建政經中心，惟赤柱仍為華人聚居之處。一直以來，港島南區經濟以工業為主。1860 年建成的那蒙船塢（Lamont's Dock）是全港首個大型旱塢，它於 1864 年為香港黃埔船塢公司收購，與其後在附近落成的合普船塢（Hope Dock），發展為本港四大船塢之一的香港仔船塢。1950 年代起，香港工業急促發展，黃竹坑一帶亦成為工業區。

位於香港仔的那蒙船塢和合普船塢。攝於 1868 年。
圖片來源：香港大學圖書館

    此外，南區一向為漁民聚居地。據 1961 年香港人口普查的統計，當時居於香港仔水域一帶的水上居民逾 28,000 人，佔當時全部水上人口近四分之一。政府在 1960 年代逐步發展南區，興建包括漁光村、石排灣邨（最初稱作石排灣新區）和華富邨等公共房屋，安置艇戶和寮屋居民。區內漁民由是遷居岸上，居住環境亦因此得到改善。1970 年代初，以香港仔為中心的南區仍被視為郊區。隨着社會轉型，南區的城市化主要於 1970、80 年代推行，交通基建工程陸續竣工。大型屋苑，如：置富花園、薄扶林花園和香港仔中心等，相繼落成，不少中產家庭移入此區居住。而鴨脷洲於 1980 年代起亦開始加速發展，建成鴨脷洲邨、利東邨、海怡半島、深灣軒和南灣等不同規模的公共房屋和私人屋苑。

昔日居住在香港仔避風塘艇上的兒童。漁民以舟為家，與海為伴，因此漁民子弟需在搖晃不定的船艇上讀書溫習。攝於 1960 年代。
圖片來源：香港大學圖書館

綜合而論，三區之中，以灣仔開發最早，因此早年也相對有較多學校坐落於灣仔區。東區及南區的大規模發展則始於 1970、80 年代。由於大型公共及私人屋苑相繼落成，不少學校隨之出現，當中也有基於不同原因而從他區遷至。此外，香港產業百多年來的轉變，亦令不少特別類型的學校，如工業學校和漁民子弟學校等，經歷了興起和式微的生命週期。

二、人口增長推動香港教育的擴展

二十世紀初的教育里程

香港在十九世紀仍未建立正式的學校體系和教育制度，但當時已經來港傳教的西方教會已有興辦學校和嬰堂（又稱孤兒院），例如：倫敦傳道會、英國聖公會、法國沙爾德聖保祿女修會和意大利嘉諾撒仁愛女修會等。踏入二十世紀，中國社會持續動蕩。隨着清末戊戌政變、義和團之亂、民初軍閥割據和中國內地連串戰亂，很多人紛紛到港避亂，令人口急劇增長，從而推動香港教育發展。

1911 年的香港人口統計報告顯示，華人人口從 1901 年約 27 萬增至 1911 年約 44 萬人，十年間增加了六成。早前清廷於 1905 年廢除科舉，也令不少懷才不遇的文人南來。因失學兒童的問題愈加嚴重，大量私校在舊式唐樓內開設。不過，這些學校無論在信譽、課程或效益方面均極為參差。1911 年，港府為研究如何應對漢文教育的大量需求，以及籌集教育經費，成立了半官方的漢文教育組（Board of Chinese Vernacular Primary Education），負責促進本港漢文教育的發展和徵集資金，以增加政府對教育的補助。1912 年，兩所漢文學校由該組籌劃成立，另外亦有十所學校獲推薦取得補助，香港中文教育因此有了更系統化的發展。

1913 年，香港首次經由立法程序通過教育法例。《一九一三年教育條

1848 年，法國沙爾德聖保祿女修會的修女抵港，開展拯救棄嬰的工作。圖為聖保祿修院的孤兒。
攝於約 1930 至 1940 年。
圖片來源：香港大學圖書館

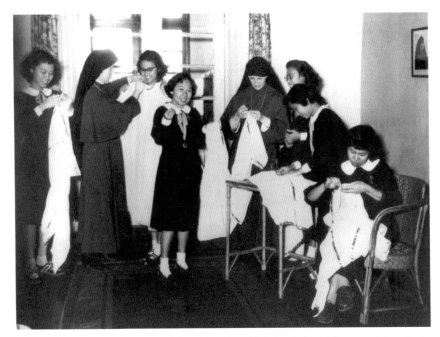

1921 年，首批美國瑪利諾修女到達香港，展開服務和傳教工作。圖為修女與昔日聖神學校的學生一起製作服飾。
圖片來源：瑪利曼中學

例》（Education Ordinance 1913），又稱《私立學校法案》，規定不論公立或私立學校，凡收生十人或以上，均須註冊，並接受政府監督，獲豁免的學校除外。條例指明：校舍建築、衛生狀況、如何執行校紀、教師任用及操守，以至學生名額等，均受監管。這些因素更會影響學校能否獲教育司批准註冊，令整體學校水準有所提升，而政府亦較易控制社會政治在校園的影響力。由於條例要求學校必須註冊，政府因而得以掌握各類學校情況，包括學生數目等。當年獲註冊的學校共 584 所，包括：14 所官立學校、50 所教會學校，以及 500 餘所私塾，學生人數多達 19,968。三類學校各有不同教學模式，卻同時存在於香港，而又互不相干。

　　1920 年代，學童日增，港府開始資助多所由華人團體開辦的漢文小學，同時成立男女漢文師範學堂各一所，藉以增加漢文教育的師資。港督

金文泰中學堅尼地道校舍（1948 至 1961 年）。
圖片來源：金文泰中學

金文泰爵士上任後，政府於 1926 年創立官立漢文中學（現金文泰中學，參見本書第 122 頁），進一步提高對中文教育的重視。1934 年，英國政府派遣國內資深督學賓尼（Edmund Burney）來港視察。賓尼考察後回到英國，隨即於 1935 年提交《賓尼報告》，重點提出改善中文小學；報告中大部分建議獲政府接納並執行。政府後來更開辦 50 所模範官立中文小學，讓私立學校知所適從。

　　隨着社會發展，香港的主流學校於二十世紀初期漸見規模。與此同時，工業教育也因香港製造業日趨蓬勃而得以發展。

　　1937 年中日戰爭爆發後，數十萬難民蜂擁逃到香港避難，亦有不少學校從廣東省遷至香港，包括：培英、真光和華英等。廣州數所大學也遷到香港繼續辦學，如：嶺南大學、私立廣州大學和廣東國民大學。

早年灣仔、東區及南區的辦學案例

　　二十世紀上半葉，因應社會需要，不少團體或私人開辦學校。1919年，莫敦梅以書塾形式於灣仔克街成立學校，教授傳統古文和儒家思想，起初於個別唐樓單位內上課。學校後來規模日大，學生人數由數十人增至數百人，大部分居於灣仔。1934年，學塾改稱為「敦梅學校」。1929年春，梁逸芬、葉若昭、蔣文哲、譚惠芳、尤訪雪、謝希韞和劉佩英七位女士於灣仔鳳凰台創辦麗澤女子中學（現麗澤中學），更於九龍設立分校；其後擴充學額，正校遷至堅尼地道。

　　1928年起，東華醫院於跑馬地及灣仔先後開辦文武廟黃泥涌區免費初級小學、文武廟東區免費初級小學、東華醫院總理女義學和洪聖廟女義學四所小學；其後合併為兩所。1956年，東華獲政府撥地及贊助，於皇后大道東興建新校舍，1958年3月落成。同年9月，兩所學校再次合併，於新校舍上課，並以「東華三院香港第三小學」為名。1971年，東華三院顧問李賜豪先生捐款港幣25萬元作為學校建設費用，董事局遂將學校命名為「東華三院李賜豪小學」（參見本書第106頁），以茲紀念。

　　二次大戰前後，不少著名私立學校均位於灣仔。香港淪陷時期，這批學校曾經停辦；戰後復辦，仍繼續為較富裕家庭的子弟提供中式教育。為了應對附近社區學額緊張的情況，這些學校亦會減免貧困學生的學費。可惜，由於沒有完整校舍，學校需租用灣仔區內不同戰前唐樓單位上課，成為當時私立中式學校普遍面對的問題，中國兒童書院便是其中一例。該校於1938年成立，在二戰期間一度停辦，後於灣仔駱克道復課，後來更在同街126號及晏頓街1號加添分院；直至1958至1959年間，始於萬茂徑自建新校舍，並合併各分校。另一所值得一提的是端正學校。該校只得小學，正校在灣仔，分校在北角；而分校亦有兩處校舍，分別位於北角道和春秧街。端正學校師資優良，曾延聘名滿士林的蘇文擢教授替學生補課。不過，端正學校始終是私校，其分校每年獲當局分配的小學會考應考

東華三院義學頒獎禮。攝於 1948 年。
圖片來源：東華三院文物館

東華三院李賜豪小學學生在操場上學習社交舞。
圖片來源：東華三院李賜豪小學

太古漢文學校（現太古小學）的前身為太古船塢與太古煉糖廠於 1923 年為其員工子弟創辦的太古
義學。圖為太古漢文學校的學生在老師和校工的帶領下，排隊穿過英皇道。攝於約 1960 年代。
圖片來源：太古歷史檔案部，太古小學授權

名額只有十個，而分校小六學生卻約有 80、90 人，不能全數報考升中，
必須通過校內甄別試，方能參與。學生之間競爭激烈，可想而知。

　　此外，由於本港基層子弟常因家貧而失學，工業學校開始出現，讓
失學兒童學得一技之長，以便謀生。1921 年，劉鑄伯、周壽臣、馮平山
和李右泉四人決定仿效外國，設立一所兒童工藝院。1935 年，在這四位
本地華人領袖的帶領和籌劃下，加以羅旭龢博士的大力促成，香港仔兒童
工藝院（現香港仔工業學校，參見本書第 165 頁）終於落成啟用，並由鮑
思高慈幼會管理。

　　由此可見，二戰前已有不少學校在灣仔、東區和南區，為學童提供
教育服務。

戰後的普及教育政策

　　日治時期，香港教育幾乎陷於停頓；大多數學校因校舍遭受戰火損
毀而停辦，加以市民生活困苦，輟學人數大增。1942 年 12 月，全港學校
只餘 59 所。1941 至 1945 年期間，學生人數從約 120,000 銳減至 4,000。

1945 年，二次大戰結束，百廢待興。戰後初期，教育主要靠民間慈善團體、宗教團體、工會、商會和同鄉會提供，包括：東華三院、天主教教會、聖公會、中華基督教會和香港佛教聯合會等。各辦學團體除了忙於重開學校外，亦相繼在舊式樓宇內開設義學和識字班，以極低廉學費，甚或免費，為貧困的青少年提供教育服務。其後，社會漸趨穩定，並持續發展，人口出生率亦日漸增長，形成所謂的「戰後嬰兒潮」。

1960 年代的西環太白台。漢華中學曾租用其中一幢唐樓六個單位作校舍。
圖片來源：漢華中學

與此同時，因國共內戰，以及中國大陸政權於 1949 年易手，大批難民湧入香港；而不少日佔時期離開的華人，也紛紛回流香港。這些來港華人大多是廣東農民和勞工，也有部分為來自上海的企業家。他們為香港帶來人力資源、資金和技術，對香港日後的發展，尤其工業方面，貢獻至大。香港人口由 1945 年約 60 萬，急升至 1950 年約 200 萬。適齡學童急增，校舍、教師和物資均十分匱乏，出現了嚴重的學校荒和失學問題，童工十分普遍。由於學校與學額數目遠未能應付需求，對社會造成沉重壓力。1950 年 9 月，政府統計的失學兒童人數逾 23,000 人。

戰後，政府改變戰前放任的教育方針，提倡教育機會均等的權利，開始建立較完整的教育制度，並開辦更多學校，滿足社會需求。港府以大幅增辦小學為重心，先在官立學校實行上、下午班制，以增加學額，同時要求其他學校仿照推行。1951 年，港府還提出多項教育發展建議，強調小學教育不應只讓民間辦理，並計劃在各區設立官立小學，為統一學制作預備；又擴充工業學校，發展工業教育。

　　戰後復甦初期至 1960 年代末，香港人口據估計增加了約 350 萬；當時大批內地人持續移居香港，為香港提供充裕而廉價的勞動力。由於人口增長過於迅速，政府原來的《十年建校計劃》再也不能滿足當時社會的需要。1954 年，教育司署擬訂了《小學擴展的七年計劃》，以符合聯合國憲章有關普及小學的精神。計劃最終超過預期目標，增加了 318,000 個小學學額。

　　1950 年代以後，香港漸漸走向教育普及之路。1963 年，政府宣佈小學改制，入學年齡由六歲改為七歲，由修業六年改為五年，另增設兩年類似中學的課程，名為「特別中一」及「特別中二」，令小學的修業年期變為七年。據說改制的原因是因為香港勞工法例規定童工的年齡最小為 14 歲，這計劃正好讓學童完成七年學習後，即可達到童工的法定年齡。可是，政策並不受家長歡迎，更遭學校和社會人士大力抨擊和反對。1965 年，港府融合了《教育委員會馬殊及森遜報告書》的建議，發表《香港教育政策白皮書》，恢復小學六年制，並將普及小學義務教育和擴展中學教育列為當前目標，奠定了其後十多年的政策發展方向，以增加學位數量及發展資助學校為主線。1971 年，免費小學教育（又稱強逼小學教育）正式實行，官立及資助小學一律免收學費，接受免費小學教育的學生逾 50 萬。與此同時，立法局通過《1971 年教育法案》，列明拒絕送子女入學的家長會被罰款甚至入獄。

　　1974 年，港府制訂為所有學童提供九年免費教育的目標（即六年小學教育及三年中學教育）。此外，政府亦從多方面擴充學位，包括：興建更多中學、改建小學為中學、推行浮動班制，以及向私校買位等。1978 年，普及初中正式落實，所有官立及資助學校的初中班級不再收取學費，亦取消了「中學入學試」（又稱升中試）。同年，參加首次中學學位分配辦法的小學畢業生共有 103,122 人，成為香港普及教育發展一個重要里程碑。與此同時，政府亦朝着普及高中教育方向發展。1978 年 10 月，當局發表《高中及專上教育發展白皮書》，提出多項建議，拓展高中及專上教育，並提高教育質素。政府計劃於 1981 年為全港六成 15 歲適齡學童提供

戰後嬰兒潮時期，為應對急速膨脹的小學人口，徙置大廈先後出現天台、地下與頂樓學校。圖為
天台學校的教師和學生。攝於 1960 年代。
圖片來源：香港歷史博物館藏品，香港特別行政區政府准予複製

瑪利諾小學（現瑪利曼小學）1959 至 1960 年度 1A 班師生合照。當年仍有男生入讀。
圖片來源：瑪利曼小學

高中學位，1984 年更把比例提高至八成。2007 年，香港回歸十年之後，政府終於在《施政報告》中落實，由 2008 至 2009 學年起，提供全面中小學免費教育。

三、校舍搬遷和重置

港島地產發展

踏入 1970 年代，港島不少歷史悠久的學校，因校舍設施殘舊或不敷應用而有跨區遷校之舉，以改善教學環境。與此同時，香港市區的商住樓宇因供求問題，價格節節攀升，港島中環商業區更興起重建熱潮。英資地產商置地在中區的新填地興建康樂大廈（現怡和大廈），又拆卸重建歷山大廈、連卡佛大廈成為高級商廈和商場。老牌英資公司以外，新興的華資地產商也於 1970 年代中後期開始崛起，在中區和金鐘一帶重建商業大廈，商廈興建熱潮旋即延伸到灣仔、銅鑼灣及上環等地區。隨着港島核心商業區日漸繁榮，高級寫字樓數量逐步增加，對附近的住宅需求也與日俱增，物業價格自然水漲船高；一些位於港島中西區的傳統學校校舍也因此成為地產商的發展目標。

嘉諾撒聖心書院（參見本書第 152 頁）正是其中一所跨區遷校的傳統學校。該校創立於 1860 年，最初設有英文和葡文兩所學校，1890 年合併為「意大利修院學校」，1937 年再易名為「聖心學校」；1960 年，定名為「嘉諾撒聖心書院」。因學校日久失修，故在 1981 年由中區堅道遷至南區薄扶林置富花園置富徑現址，原址則改作地產發展。

聖貞德學校（現聖貞德中學）原來的校舍位於中區半山羅便臣道。該校於 1955 年由數位畢業於香港大學的天主教女青年創辦，以宣揚法國女英雄聖女貞德。1986 年，該校遷校至北角寶馬山道現址後，羅便臣道原

灣仔海旁，以及堅拿道附近填海後的面貌與新建的行車天橋。攝於 1972 年。
圖片來源：政府檔案處歷史檔案館

址由長江實業改建為樂信臺。

　　1946 年，培僑中學（參見本書第 134 頁）於跑馬地樂活道 6 號朗園創辦。朗園原為著名華商簡氏家族的別墅，坐落朗園山半山位置，擁有亭台樓閣與古色古香的建築風格。香港淪陷時期，朗園被日軍佔用，戰後損壞嚴重，惟仍獲培僑中學租用建校。1979 年，恒基兆業收購朗園，改建為私人屋苑。培僑中學時任校長吳康民於朗園易手後，積極覓地建校，並爭取愛國人士捐助支持，而恒基兆業也出資贊助大部分建築費用。1983年，位於北角寶馬山天后廟道的新校舍落成啟用，設施齊備，生源亦得以大大擴充。

　　培英中學亦是另一個與發展商換地遷校的例子。該校始於美國長老

位於中區堅道的意大利修院學校（現嘉諾撒聖心書院）。攝於約 1920 年代。1981 年，學校因原有
校舍日久失修遷至南區新校舍。
圖片來源：香港歷史博物館藏品，香港特別行政區政府准予複製

1960 年，培僑中學增至 33 班，學生 1,300 餘人；學校在朗園校舍辦學期間有較大的發展。攝於 1960 年。
圖片來源：培僑中學

會於 1879 年在廣州成立的「安和堂」，1937 年於香港般含道開設小學，名為「廣州培英中學香港分校」。幾經轉折後，香港分校董事會於 1948 年購入港島西半山巴丙頓道 3 號，作為永久校址，並募集資金改建禮堂與教室。1989 年，有見校舍建築及設施陳舊，空間狹小，校董會遂與新世界發展達成換地遷校協議。1991 年，位於南區華富邨華富道 55 號的新校舍落成，同年 2 月師生遷入正式上課；而巴丙頓道舊校舍則由發展商重建為俊傑花園。

基建發展

　　隨着戰後人口不斷增加，香港島一些偏僻之處成為移民立足之地，部分選擇在筲箕灣和西灣河山邊，以及南區黃竹坑、香港仔和鴨脷洲搭建木屋（又稱寮屋）居住。區內貧困家庭生活無疑艱苦，幸得政府、教會及其他社會團體努力為適齡學童提供教育。1948 年，筲箕灣崇真堂董事會在舊禮拜堂正副堂內開辦小學（現筲箕灣崇真學校）；而鴨脷洲同慶公社更早於 1946 年已為島上失學兒童開辦街坊義學；為容納更多失學兒童，鴨脷洲街坊福利會於 1950 年代初在島上山崗興建鴨脷洲街坊學校（參見本書第 178 頁）。

　　1950 年代初，港府於柴灣發展徙置區，安頓原來居住於寮屋區的貧苦居民；1960 年代末，又陸續在筲箕灣清拆寮屋區，並於愛秩序灣興建避風塘，發展住宅及工業用地。多個公共屋邨（當時稱為徙置區和廉租屋邨）在東區和南區相繼落成，兩區還新建了許多工業大廈和工廠。公共屋邨正好為新興工業區提供穩定的勞動力。

　　港島東區及南區的人口愈來愈多，交通流量也因而大增。自 1960 年代末，政府為改善各區交通不遺餘力，其中以東區走廊和鴨脷洲大橋兩項工程，效果最為顯著。

　　東區走廊是為了分流交通早已飽和的英皇道、筲箕灣道及柴灣道而

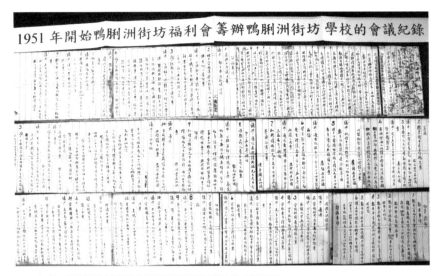

1950 年代，鴨脷洲街坊福利會籌辦鴨脷洲街坊學校的會議紀錄。
圖片來源：鴨脷洲街坊學校

修建，讓港島東和市中心的人流與物流得以有效通行。為了興建東區走廊第二期接駁柴灣道的行車天橋，政府收回嘉諾撒修院學校位於教堂街的校舍；學校也因而於 1984 年遷移至鰂魚涌現址。遷入新校舍後，小學部改名為「香港嘉諾撒學校」，中學部則改名為「嘉諾撒書院」。

　　鴨脷洲大橋則是政府發展港島南區計劃的重要部分。大橋落成之前，鴨脷洲島上居民只能乘坐舢舨或電船來往香港仔。1970 年代末，為配合島上新建的公共屋邨和工業發展，政府動工興建大橋連接鴨脷洲與香港仔。受建橋工程影響，橋梁兩側的香港仔和鴨脷洲部分漁民需要遷徙安置；而香港仔工業學校部分土地也因工程影響被政府收回。1980 年，鴨脷洲大橋通車，鴨脷洲邨也於同年落成入伙。鴨脷洲東部的公屋利東邨與居屋漁安苑其後於 1987 至 1988 年相繼落成，島上學齡兒童數量陡增。1987 年，鴨脷洲街坊學校遷往面積較大、交通更便利的利東邨新型校舍；而香港仔歷史最悠久的學校之一，創辦於 1958 年的聖伯多祿學校，原址毗鄰於香港仔聖伯多祿堂，也於 1988 年遷入利東邨一所設有 24 個教室的新校舍，並以新校名「聖伯多祿天主教小學」繼續辦學。

依山而建的柴灣徙置區。攝於 1956 年。
圖片來源：香港大學圖書館

1950 年代，不少難民和低收入人士在山邊和路邊空地搭建寮屋棲身。圖為寮屋區嬉戲中的兒童。
攝於 1959 年。
圖片來源：政府檔案處歷史檔案館

興建中的鴨脷洲大橋，以及停泊了不少漁船的香港仔避風塘。攝於 1978 年。
圖片來源：香港特別行政區政府

利東邨坐落於鴨脷洲東部，依山而建。南區部分學校亦隨着屋邨落成啟用，遷址於此。圖中為興建中的利東邨。攝於 1983 年。

圖片來源：香港房屋委員會

聖士提反書院最初於西營盤建校，後遷址至赤柱，圖為 1931 年開幕的聖士提反書院科學樓舊實驗室；現已改為教員宿舍，並獲評為二級歷史建築。
圖片來源：聖士提反書院

四、香港工業發展與工業教育

英佔初年的經濟活動與工業教育

　　在產業結構研究中，工業屬經濟活動中的第二產業；工業泛指與手工藝品和應用科學知識工藝相關的經濟活動，包括：以製造生活消費品為主的輕工業，以及與機械和電力相關的重工業。英佔初年至今，本港的產業結構經歷多次轉變，而香港的工業教育亦由昔日的師徒制度，逐漸發展成更組織化的培訓系統，為社會發展培育各行各業的專門人才。

　　從 1841 年至第二次世界大戰爆發的一百年間，轉口貿易一直是主導香港經濟的重要產業；而主要的產業組織和職業分別為洋行和買辦。洋行曾是華人和外國商人進行貿易的重要代理，負責商品的進出口和轉口。不少洋行在香港一直屹立至今，如：前稱渣甸洋行的怡和洋行、前稱太古洋行的太古集團等。買辦則是指替外國商旅代理投資和貿易的人士或團體，

為早年滿有前途的職業，也是不少學生的就業目標。正因如此，當時的工業教育發展並未成熟，只有教會學校提供工藝教育課程，為兒童、青少年和孤兒培養一技之長。

1863 年，西環養正院（West Point Reformatory，現聖類斯中學）的前身——華人日校（West-point Chinese Day School）成立。該校是一所工藝學院，教導男童木工、縫紉和製鞋等謀生技能。到了 1870 年代，共已有 100 多名男童曾於西環養正院就讀；除香港學生外，更有來自澳門的葡裔學生和其他歐籍學生。

十九世紀末期至二戰前的工業與教育

儘管戰前香港的工業發展不算蓬勃，但政府、華商和教會等辦學團體均曾因應當時社會及經濟需要開辦工業學校，而這類學校在香港教育史上亦曾佔一席位。

經歷了十九世紀末中國洋務運動，香港華人知識分子意識到學習科技和工業的重要性，從而計劃籌建科學工藝教育機構。1903 年，香港富商李陞之子李紀堂捐出 50,000 元，興辦華人科技學校，取名「李陞格致工藝學堂」，並邀得美國史丹福大學首位華人畢業生鄺華汰（原名鄺金龍）來港出任校長。學堂租用荷李活道 18 號（即中區警署舊址）為校舍，於 1904 年 3 月開始招生，每年收取 24 元學費。據香港著名教育家華德斯博士（Dr Deric Daniel Waters）於 1988 年發表的文章記載，第一屆報讀學生逾 70 人，惟年終考試時卻只餘 35 名學生。華德斯指出，當時香港的主流學校主要訓練華人學生成為文員和買辦，而李陞格致工藝學堂的宗旨卻要培訓「有思考的雙手」，明言要訓練能獨立操作、理解機械原理、不需要在外國人指導下工作的工藝人員。可惜，學堂只辦了兩屆便因校長突然離世及財政困難而結束。

此外，鮑思高慈幼會亦營辦香港仔兒童工藝院（Aberdeen Industrial

香港仔工業學校學生正學習氣焊技術。攝於 1967 年。
圖片來源：香港仔工業學校

School）。該校成立於 1935 年 3 月 26 日，還邀得當時的港督貝璐爵士主
持開幕儀式。根據報章報道，工藝院主要服務貧苦兒童，幫助他們習得賴
以為生的手藝。首批招收的學生會根據其學歷分派到小學部或學徒部；學
徒部要求報讀者持有小學學歷，並必須選修機械工程、木工、裁剪或製
鞋其中一科。學校於 1952 年改名為「香港仔工業學校」（Aberdeen Trade
School）（參見本書第 165 頁），英文校名則於 1957 年正名為 "Aberdeen
Technical School"，並沿用至今。

　　另一方面，隨着航空運輸業發展、啟德機場等航空基建落成，航空
教育亦在香港工業教育範疇佔一席位。1933 年，遠東航空學校於啟德成
立，並於翌年開始提供培訓飛機師和工程師的課程，以應付航空需求增

長。1980 年代，學校與香港飛航會及香港飛行會合併為香港飛行總會，以會員制形式向學員提供航空訓練。

　　香港早期工業雖非主要經濟產業，惟船塢業和建造業對當時社會建設仍有巨大影響。作為重要轉口港，航運業在香港亦應運而生。十九世紀至二戰前，造船、修船和與海港運作相關工程成為香港的重點工業，而黃埔船塢和太古船塢亦於此時期成立，其後更發展成為世界知名的船塢公司。隨着社會發展和人口增長，香港需要進行大量基礎建設工程，包括：1910 年完工的九廣鐵路和 1917 年完工的大潭篤水塘等。為配合船塢業和基建工程發展，政府和各大企業均需聘請大量員工。由於聘請外籍員工成

位於鴨脷洲的修船廠。昔日造船和修船業為香港重要工業之一。攝於 1955 年。
圖片來源：香港大學圖書館

本較高，香港故而需要大力培育本地工業人材。

　　1906 年，港府在皇仁書院開設夜間部，提供工程學、科學及商業等課程；翌年更改組為「官立技術專科學校」（Hong Kong Technical Institute），並接收李陞格致工藝學堂的硬件配套，為修畢課程的學員頒發畢業證書，成為香港高等教育的基石。1911 年香港大學成立後，官立技術專科學校除了仍然開辦工科課程，亦發展其他課程，如：師訓、衛生、家政和救傷等。其後，政府逐步優化本地工業教育制度，先於 1933 年成立初級工業學校，傳授初級工業知識；作為第一所由政府提供的全日制工業學校，初級工業學校創辦時只有四名教員和 40 名學生，提供為期四年的工程學徒先修課程（pre-apprentice training）。學校於二次大戰期間停辦，1948 年復課，着重提供與工程相關的課程，包括：工業繪圖、模型製作和應用科學等。1979 年，該校易名為「鄧肇堅維多利亞工業學校」，並招收女生。1997 年，學校跟隨政府政策，除去「工業」二字，並將校名改為「鄧肇堅維多利亞官立中學」（參見本書第 93 頁）。

鄧肇堅維多利亞工業學校（現鄧肇堅維多利亞官立中學）傳媒開放日。攝於 1995 年 4 月 27 日。
圖片來源：香港特別行政區政府

皇仁書院位於鴨巴甸街與荷李活道交界的校舍，曾獲譽為「鴨巴甸街的貴婦」。攝於 1900 年代。
圖片來源：皇仁書院

　　港府於 1933 年成立初級工業學校後，開始着手建立更完善的工業教育制度。1937 年，首所提供專上程度工科教育的政府資助院校 —— 香港官立高級工業學院，於灣仔活道正式成立。學校設有建築、機械工程和航海無線電等課程。1947 年，學校改名為「香港工業專門學院」。由於港府的報告指出九龍區需要一所工業學校，加上獲政府斥資和撥地，以及香港中華廠商聯合會的捐款支持，學院於 1957 年遷至紅磡，並於 1972 年改組為「香港理工學院」，其後在 1994 年正名為「香港理工大學」。

戰後香港經濟工業化與工業教育發展

　　戰後，香港整體產業結構轉型，經濟重心由轉口貿易轉移至出口製造業。1946 至 1950 年間，許多原來在上海、天津和廣州的企業家因內地政局動盪，帶同資金、機械設備和技術人才來港。其後在韓戰期間，聯合國對華實施貿易禁運和經濟封鎖，令香港失去大部分轉口業務，製造業因此成為經濟支柱。政府為此制訂相應政策，以免大量移民失業，影響社會民生，包括：降低工業用地租金、擴充與工業相關的行政部門等。

　　香港工業起步初期，生產力主要來自以家庭為單位的山寨工廠，設備和生產規模自然較為落後。其後，隨着內地企業家加入，工廠規模有了長足進步和發展。1960 至 1980 年代初可算是本港工業的黃金時期，製造業在本地生產總值中佔最大比重，紡織業更成為當時的龍頭工業。1960 年代，全港擁有多達 20,000 台紡織機，而 1973 年的政府統計中，紡織業更佔香港工業生產總值 28.9%，位列五大工業組別（紡織、金屬製品、塑膠等非金屬製品、食品及紙品）之首。1978 年，香港的紡織品出產量高達 797,000,000 米，為當時世界主要的布料生產地。此外，由於香港的傳統工廠將所有製作工序集中於同一地點完成，廠房和辦公室所有生產或非生產技術員工均視作製造業從業員，因此，1980 年政府統計全港總就業人數時，製造業僱員比例竟高達 46%。

電子業亦曾是香港重要的製造工業之一。攝於 1969 年。
圖片來源：政府檔案處歷史檔案館

職業先修學校紡織科的學生正學習使用棉紗機。攝於 1978 年。
圖片來源：香港特別行政區政府

　　隨着香港經濟工業化，相關產業的勞動力需求與日俱增，香港工業
教育的規模也有增無減。昔日校舍受到戰火摧殘的工業學校迅速重開，亦
有不少工業和職業學校相繼創立；例如何東女子職業學校（現何東中學，
參見本書第 99 頁），為女生提供工商業培訓，正好為需求日漸增加的勞
動市場貢獻更多元化的勞動力。據 1976 年出版之《工業教育部、工業學
院及工商師範學院手冊》紀錄，除香港工商師範學院外，當時還有五所工
業學院和八所職業先修學校，為中學畢業生提供相關工業課程。不少中學

摩理臣山工業學院的職業訓練。攝於 1982 年。
圖片來源：香港特別行政區政府

1950 年代何東女子職業學校（現何東中學）打字課。
圖片來源：何東中學

生更於畢業後，在香港理工學院或其他工業學院繼續攻讀工業及商業課程；1980 年度，就讀全日制和相關工商課程的學生逾 50,000 名。

香港經濟再轉型與工業教育的式微

1970 年代末開始，中國內地實施開放市場政策。廉價的土地和人力吸引了不少香港生產商將生產線遷往內地，以提升競爭力，只留下高增值的業務在港。這種轉變也將此類廠商在香港的統計類別由製造業變為服務業，令製造業總就業人數比例從 1980 年約百分之四十六，下跌至 1997 年約百分之十二。香港產業結構再度轉型，服務業、金融及地產取代出口製造業，成為支撐香港經濟的主要命脈。

本港工業的急速蕭條不只為香港經濟帶來轉變，對香港工業和職業教育也帶來莫大的衝擊和挑戰。1996 年李斯特（Richard K. Lester）和博爾格（Suzanne Berger）的研究報告更直指，香港的職業教育和培訓已在高等教育的迅速膨脹及製造業工作崗位的銳減下，失去了方向，不能配合社會經濟轉型。

香港中文大學教育學院的研究亦整理了當時工業和職業教育的情況，主要可分為正規與非正規兩部分。正規的職業教育分別由教育署（現教育局）及職業訓練局管理，包括：職業先修中學、工業中學、實用中學、技能訓練學校及香港專業教育學院等，提供有嚴格收生和畢業標準、固定學科的課程。非正規的，則指由不同志願團體提供的職業教育課程。工業和職業教育畢業生在畢業後的就業、收入、升學機會、社會地位等均面對不少問題。他們所學的很多已與現代社會需要脫節，如：金工和木工等等，就業機會較少，收入也年年下降。因此，他們最後大多不會從事相關工作。職業教育更被學生視為最後選擇，升學率較差，社會認受性和地位亦較普通學校低，令不少學生對報讀這些課程卻步。

1997 年，政府發表了《職業先修及工業中學教育檢討報告書》，建議當時的工業中學及職業先修中學在校名中撤去與職業相關的稱謂，並取消不合時的科目。香港的工業教育自此正式步向夕陽。

香港工商師範學院

為配合二次大戰後急速發展的香港工業，工業學校、教育機構等如雨後春筍，紛紛開辦，為市場提供足夠的生產技術人員。不過，直至 1962 年，香港工業專門學院才開始為即將上任的工業教師提供工業教育知識課程。香港工業專門學院改組為香港理工學院後，工業教師培訓與其他工藝部門均改由摩理臣山工業學院提供。在本港工業黃金時期的龐大需求下，政府很快察覺到開辦一所專門提供工業教師培訓院校的重要性。1974 年 9 月，香港工商師範學院正式成立。同年，設計與工藝科亦取代傳統的金工與木工課，成為正規中學課程。

位於灣仔皇后大道東 373 號的香港工商師範學院，與摩理臣山工業學院共用各種現代化工場設備。學院招收的學員分為三類：有志成為工商科目教師的中學畢業生，可以修讀二年制課程；有相關工作經驗及學歷的學員，則可以入讀一年制課程；而在職教師亦可入學進修，受訓成為工商科目教師。1994 年，香港工商師範學院和其他四所教育學院，合併成為「香港教育學院」（現香港教育大學），以提升師資教育和有關專業培訓的水平。

五、其他落籍三區的特色學校

獨一無二的海事學校

1946 年，貝納祺大律師、簡悅強先生、陳永安夫人、陳南昌先生和何明華會督五位社會賢達在南區赤柱創立「小童群益會暨兒童營」（現香港航海學校，參見本書第 172 頁）。現時，學校佔地達兩公頃，設有宿舍，要求所有學生在學期間均需寄宿。水上活動訓練（包括：帆船、獨木舟、海岸划艇和龍舟）為初中必修項目。該校更是全港獨一無二設有海事課程的學校。

海事課程為香港航海學校傳統特色之一。
圖片來源：香港航海學校

街坊福利會學校

　　除了上文提及的鴨脷洲街坊學校（參見本書第 178 頁），亦有其他街坊福利會開辦學校，為各區兒童提供基礎教育。由灣仔區街坊福利會創辦的灣仔街坊福利會學校成立於 1967 年，初期為一所夜間義校；其後獲批准成為一所津貼小學，灣仔愛群道 30 號的校舍於 1969 年落成啟用。該校於 1974 年實行全日制並免收學費；1993 年易名為「灣仔學校」，後於 2006 年結束營運。此外，位於大坑的李陞大坑學校則由大坑坊眾福利會向街坊善長籌集募捐而成立，於 1958 年開始營運，現發展為一所以英文為教學語言的全日制小學，自從 2003 年起，更錄取不同族裔的非華語學生。

〈大坑坊眾福利會李陞學校今開幕〉，《工商晚報》，1959 年 3 月 26 日。

海面傳道會漁民學校（後稱海面傳道會小學）於 1953 年創立，特別為鴨脷洲漁民子弟提
供教育，後因收生不足而停辦。攝於 1963 年。
圖片來源：香港大學圖書館

漁民子弟教育的發展

　　昔日的漁民子弟為了營生，大多跟隨父母出海捕魚，歸期不定，難
以定期上學；而且受傳統觀念影響，以往漁民不太重視正規教育，加上受
到陸上居民歧視，他們的子女入學機會較少。戰後，為提高漁民教育水

平，政府着手發展漁民子弟教育。自 1947 年起，魚類統營處在各主要漁區，如：香港仔、筲箕灣和赤柱等，興建漁民子弟學校，並獲得政府撥款資助。1967 年，由魚類統營處興建及辦理的漁民子弟學校已達 14 所，包括：魚類統營處鴨脷洲小學和魚類統營處香港仔工業中學。不過，隨着社會經濟轉型，漁民數目逐漸減少，這些學校也陸續停辦。而海面傳道會漁民學校（後稱海面傳道會小學）則是由基督教海面傳道會興辦的小學，特別為鴨脷洲漁民子弟提供教育，位於南區鴨脷洲橋道，1994 年因收生不足而停辦。

為員工子弟而設的學校

1923 年，太古船塢在辦公大樓內創立太古義學，為員工子弟提供免費基礎教育。1941 年，太古義學與太古煉糖廠創辦的糖房義學合併擴充，後來更成為一所接受政府津貼的小學，並且招收非太古員工子弟。學校於 1977 年易名為「太古小學」（參見本書第 141 頁）。

本章小結

從本章所述，可以見到本港各社區、不同學校及教學機構與社會歷史及經濟發展之間，種種多角度和多層面的密切連繫。本書以下篇章將聚焦介紹港島灣仔、東區及南區 18 所不同背景的學校，並輔以與各校師長和校友的面談訪問，藉着受訪者的口述，再補充相關文獻，從而探討各校的歷史發展，以及與社區以至全港社會的互動和關係。

唯因篇幅所限，三區與各校歷史進程的每個細節，未必能在書中一一呈現。我們期望日後有機會與各位師長、校友和前輩再作深切交流，讓讀者可以更全面地了解香港各區昔日的校園生活和社會發展。

第二章

學校・那些年的故事

編著者　李子建、鄭保瑛、鄧穎瑜、林蘇晗、
姚依彤、高彥靜、戚紹忠

昔日聖神學校學生下課後排隊離開校園。
圖片來源：瑪利曼中學

灣仔

圖左方為摩理臣山及山上的馬禮遜學堂；右方則為鵝頸河流經之處與黃泥涌道。
圖片來源：香港歷史博物館藏品，香港特別行政區政府准予複製

會展站

灣仔運動場

告士打道

維多利亞
公園

天后站

8

銅鑼灣站

軒尼詩道

希慎廣場

4

5

大坑道

時代廣場

3

跑馬地

皇后大道東

2

虎豹別墅

1

6

7

① 香港華仁書院
② 東華三院李賜豪小學
③ 鄧肇堅維多利亞官立中學
④ 聖保祿學校
⑤ 何東中學
⑥ 瑪利曼中學
⑦ 瑪利曼小學
⑧ 皇仁書院

||||||| 🚃 電車路線

🚇 港島綫

🚇 東鐵綫

灣仔歷史與教育

　　灣仔位於香港島北岸中央位置，毗鄰中環，範圍包括：灣仔、銅鑼灣、跑馬地、大坑、掃桿埔和渣甸山等地，為香港富有傳統文化特色和較早發展的地區之一。根據 2021 年人口普查，該區人口有 166,695 人，為全港人口最少的一區。

　　灣仔最初據稱為「下灣」，居民主要以捕魚為生。1857 年，政府在港島北的維多利亞城劃分行政區，俗稱「四環九約」；灣仔便是其中一環，時稱「下環」。1881 年，港府將「下環」改名「灣仔」。灣仔之名本意為「小海灣」，因當時港島海岸線從皇后大道東口彎入，形成一個小海灣。不過，隨着城市發展和多次填海，灣仔海岸線已從皇后大道東一帶北移逾一公里，直至今天的金紫荊廣場。

　　灣仔新舊交融，其歷史足跡遍及不同領域和族群。舊區蘊藏不少歷史古蹟，包括：舊灣仔郵局、洪聖廟、玉虛宮、藍屋、唐樓和中式當舖等。此外，灣仔街市一帶也充滿民生色彩，而由填海而成的灣仔北及海濱一帶亦發展迅速。

　　灣仔區的教育發展同樣反映其社區多元性，不同辦學團體營辦的學校林立。早於 1842 年，馬禮遜學堂從澳門遷往香港，即選址灣仔摩理臣山之上，成立香港第一所教會學校，摩理臣山亦因而得名。十九世紀下半葉，其他天主教辦學團體亦相繼在灣仔興辦學校，包括：首個來港傳教的天主教女修會 —— 法國沙爾德聖保祿女修會，以及意大利嘉諾撒仁愛女修會。

　　教會學校以外，灣仔區亦不乏歷史悠久的學塾和義學，規模較大的有孔聖會和東華醫院文武廟義學，還有以個人或團體出資成立的其他義學。1919 年，莫敦梅在灣仔克街創辦敦梅學塾，教授古文和儒學。因入學人數日增，學塾先後於茂羅街及活道開設分校，其後繼續擴展，增設中學部、平民義學、女子中學及幼稚園。二戰前，鏡涵義學及英文學校一中

1930 年代的灣仔莊士敦道。
圖片來源：香港大學圖書館

　　書院也曾於石水渠街 72 號一幢中式樓宇（即現在的藍屋）內辦學。1931
年，何東爵士夫人張蓮覺在波斯富街創立寶覺義學，為本港第一所佛教女
子學校；1945 年，另一佛教團體 —— 香港佛教聯合會亦在灣仔道開辦中
華佛教義學，接收二戰後失學的貧困兒童。

　　灣仔區亦是師範教育與職業教育的重要發源地。1881 年成立的官立
師範學堂，為香港第一所全日制師資訓練學校；而初級工業學校（1933
年）、何東女子職業學校（1953 年）、摩理臣山工業學院（1969 年）和香
港工商師範學院（1974 年），則在香港昔日的職業技能培訓領域中，扮演
重要角色。

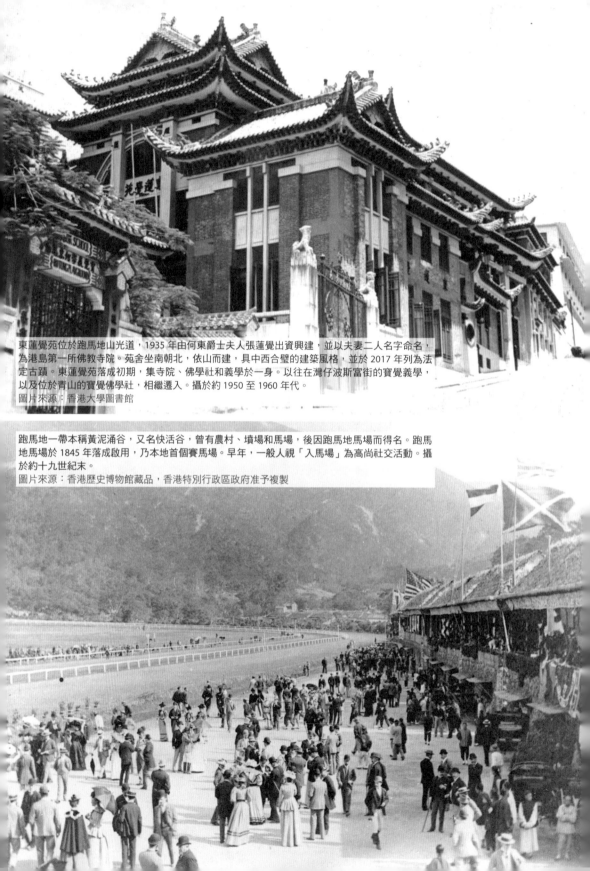

東蓮覺苑位於跑馬地山光道，1935 年由何東爵士夫人張蓮覺出資興建，並以夫妻二人名字命名，為港島第一所佛教寺院。苑舍坐南朝北，依山而建，具中西合璧的建築風格，並於 2017 年列為法定古蹟。東蓮覺苑落成初期，集寺院、佛學社和義學於一身。以往在灣仔波斯富街的寶覺義學，以及位於青山的寶覺佛學社，相繼遷入。攝於約 1950 至 1960 年代。
圖片來源：香港大學圖書館

跑馬地一帶本稱黃泥涌谷，又名快活谷，曾有農村、墳場和馬場，後因跑馬地馬場而得名。跑馬地馬場於 1845 年落成啟用，乃本地首個賽馬場。早年，一般人視「入馬場」為高尚社交活動。攝於約十九世紀末。
圖片來源：香港歷史博物館藏品，香港特別行政區政府准予複製

昔日香港有不少以船為家的水上居民。1883 年，政府建成全港首個避風塘：銅鑼灣避風塘，為水上居民提供避風之所。當時位於高士威道對開海面的防波堤長約 426 米。1950 年代初，政府將銅鑼灣避風塘原址填平，興建維多利亞公園，並於公園以北另建新避風塘取代。攝於 1977 年。
圖片來源：香港大學圖書館

大坑中秋舞火龍傳統據說始於 1880 年。當時大坑村爆發瘟疫，村民於中秋節連續三晚舞動火龍繞村遊行，並燃燒炮竹，以求消災。大坑舞火龍習俗一直傳承至今，每年中秋舉辦三天舞火龍活動，祈求合境平安。攝於 1995 年。
圖片來源：香港特別行政區政府

聖保祿學校

聖保祿學校（下稱「聖保祿」）是一所天主教女子學校，由首個來港傳教的女修會 —— 法國沙爾德聖保祿女修會成立及管理。聖保祿始建於 1854 年，前身為「法國修院學校」（French Convent School），又稱為「英法學校」（Anglo-French School）。隨着時間的推移，聖保祿依然堅守其辦學宗旨 —— 以基督精神為女生提供完美的教育。

聖保祿修會早於 1851 年於灣仔海旁設立「聖童之家」（Asile de la Sainte Enfance），至 1915 年，聖保祿修會將服務遷往銅鑼灣。銅鑼灣原址為棉紡廠，修會將其改建為醫院、孤兒院、修道院和學校。二戰期間，學校被佔領並遭到嚴重破壞；停辦多年後，學校重新開放並進行了大規模的擴建，於 1955 年正式名為「聖保祿學校」。

百多年來，聖保祿經歷了不同的發展階段。小學部於

1916 年 10 月 6 日，時任港督梅含理爵士主持法國修院學校新校舍開幕典禮。
圖片來源：聖保祿學校

1864 年開辦，於 1961 年從中學部分離成為私立小學，以保留英語為教學
語言。聖保祿於 1900 年加入政府補助學校計劃，成為香港歷史最悠久的
補助學校之一。

　　學校於 1939 年開辦商務及秘書部，為香港商界培育人才達 50 多
年，直至 1992 年停辦。1993 年 1 月開辦「澳洲國際學校」，為準備往澳
洲升學的同學開設 G7-G10 澳洲課程，至 2001 年停辦。自 2004 年 9 月
起，聖保祿轉為直接資助計劃學校（DSS），此轉變使學校在辦學方面獲
得更大的靈活性，充份發揮其辦學理念及使命。

　　聖保祿於 1981 年重建，中學部、小學部和學前部均各有獨立的建築
物。2005 年 6 月，為慶祝其 150 年的卓越教育成就，學校參加了校園改善
計劃，增建了一座七層大樓，頂層設「未來教室」。另外，為推動環保及
二十一世紀的科技發展，學校於建校 160 周年興建了「智能綠洲」大樓。

　　百多年來，聖保祿一直秉持其校訓：「為一切人，成為一切」。以基
督精神，普助世人，無分種族、宗教及社會階層，為同學提供與時俱進的
優質全人教育。

法國修院學校學生。攝於 1930 年代。
圖片來源：沙爾德聖保祿女修會

（後排左起）鄭保瑛博士、陳英凝教授、李子建教授
（前排左起）黃金蓮校長、鄺希美女士

受訪者	**鄺希美女士**，1970 年於聖保祿學校畢業。曾任職香港政府行政主任。
	陳英凝教授，1979 至 1990 年於聖保祿幼稚園、聖保祿學校（小學部）及聖保祿學校就讀。現為香港中文大學醫學院助理院長（外務）及賽馬會公共衛生及基層醫療學院教授。
	黃金蓮修女，1962 年於聖保祿學校畢業。現任聖保祿學校校長。
訪問者	**李子建教授**

受訪片段

一脈相傳

　　鄺希美女士、陳英凝教授和黃金蓮校長，都是從幼兒開始入讀聖保祿學校附屬幼稚園，再升上小學和中學。鄺女士為早產嬰，年幼時肺部和胃部均有問題，每天要打針吃藥。聖保祿醫院院長羅理基爵士是鄺女士的主診醫生，便向聖保祿的 Sr Rosemary Clifford 提議，讓她入讀，方便她小息時到隔壁的醫院打針。結果，她於 1955 年獲取錄，入讀聖保祿幼稚園低班。後來，父親為免女兒舟車勞頓，更舉家搬到學校附近居住。

　　陳英凝教授因家人十分認同聖保祿的教育理念，她亦順理成章地跟隨一眾長輩腳步，成為家中第三代入讀聖保祿的女生。陳教授 1979 年入讀幼稚園時，仍然在木建的舊校舍上課。當年古老的洗手間，令她印象難

1960 至 1970 年代的聖保祿學校和聖保祿醫院。
圖片來源：香港大學圖書館

忘；不過，她同時也見證了中學新校舍的落成。

　　校長黃金蓮修女在聖保祿讀書成長，成長後在學校服務多年。原來早在學生時期，她已在恩保德神父開辦的義學任教，接着更擔任校長，為銅鑼灣避風塘的小孩提供教育。無論課程安排和教學，她都親力親為。成績優秀的義學學生更有機會升讀天主教學校。黃校長師範畢業後，先回母校任教兩年；其後去了羅馬成為修女，再到英國升學，最後返回聖保祿服務，可說一輩子跟母校密不可分。

自信靈活　熱心助人

　　聖保祿校訓提倡服務眾人的精神，深深影響每位學生。除了黃校長外，鄭女士也十分自豪地告訴大家，她中四時原來已在義學教書，更曾在

政府夜中學任教。最令她開懷的是，先後在義學和夜中學竟能遇上同一名艇戶男生；後來從同事口中得悉這名男生已大學畢業，並在政府新聞處工作。看到學生發奮成材，她倍感欣慰。陳教授亦說，她一直很羨慕，也很渴望成為童軍，因為覺得能夠承擔責任是一種光榮。小二時，她終於可以加入了。

在幾位校友心目中，聖保祿女生都有着優雅、自信和勇往直前的特質，因為校方鼓勵學生在持守各種規矩之餘，亦要懂得靈活變通。學生在這種既嚴謹又開放的學習氛圍下成長，不僅在自己的專業領域發光發熱，亦能於不同範疇發展出各種各樣的興趣。黃校長在聖保祿服務多年，認為聖保祿學生都很勇敢，在別人退縮時依然敢於踏出一步嘗試。鄭女士最初因身體問題入讀聖保祿，還患有讀寫障礙症，但在母校的關懷下，終於克服重重困難。她着實萬分感激母校給予自己這個健康成長的機會。

陳教授表示，在女校成長的好處，是較少給性別定型規範；在爭取職位或分配工作時不會受性別所限，更相信不同性別也能勝任各種工作。此外，老師銳意培育學生的解難能力，這對她日後從事人道救援工作尤有幫助，因為在災害和戰爭環境中，不會有正常或正規的醫療制度和人員，需要當機立斷，盡速找到解決問題的方法。

屈膝禮

談到聖保祿的特色，屈膝禮是其中之一。鄭女士記憶中，聖保祿應是香港唯一曾奉行過屈膝禮的學校。屈膝禮是英國貴族的禮儀；行禮時，腰要挺直，雙眼要看着師長。鄭女士說：「難度最高的是，每天放學下樓梯時，見到校長就要行屈膝禮，一個接一個，卻不能停下來，否則尾隨的同學會隨時跌倒。」陳教授更笑稱，自己是行屈膝禮長大的。不過，學校如今已沒有執行這種禮儀了。

校服與皮鞋的穿搭藝術

　　校服方面，聖保祿學生也自有一套穿搭藝術和品味。鄺女士在學的年代，配搭校服的牛津鞋並不易購買。陳教授對昔日的校服亦有所補充說：「我們蘇格蘭校服裙配搭的皮鞋是巴利鞋，它是黑白色的，因而戲稱為『熊貓鞋』。在那個年代，全港只有我們的校服是這樣的。」

在吃喝玩樂中見證社區變遷

　　說到校園外的吃喝玩樂，同樣充滿愉快的回憶。鄺女士至今仍然緬懷，學校在豪華戲院包場讓同學免費看電影《賓虛》的情景，以及金馬車餅店（崇光百貨現址）

早年學生於基督君王小堂參與彌撒的情況。
圖片來源：聖保祿學校

出售當年仍屬罕見的拿破崙蛋糕、華麗園的年糕和大丸百貨的迴轉糖果等。陳教授也記得，現在印尼領事館的位置，曾有一間越南河粉小店，很受學生歡迎。可惜，隨着時間流逝和社區發展，這間相信是由越南難民開設的小店已經拆卸，成為歷史陳跡。

　　聖保祿修會在港辦學已逾一個半世紀。三位校友均寄望聖保祿的學生和校友，能夠謹記「保祿精神，凡事可能」，既要好好珍惜在學校的寶貴光陰，亦要勇於嘗試，以事在人為的態度，發揚「為一切人，成為一切」的校訓精神。

皇仁書院

　　皇仁書院（下稱「皇仁」）是香港第一所官立中學，於1862年成立，由分別位於太平山、中環市場、上環市場和摩囉廟街的皇家書館合併而成。當時校名為「中央書院」，又稱為「大書院」，校舍設於上環歌賦街。開辦初期只招收華籍學生，學生總數約350人，分為八班，課程中西兼備，程度相當於現今小學五年級至高中。學校於1865年將英文列為必修科，並於1867年開始招收外籍學生。

　　由於學生人數日增，原有校舍不敷應用。學校於1889年遷至鴨巴甸街與荷李活道交界的新校舍，並易名為「維多利亞書院」，學生人數達960名。1894年，為免跟區內同名學校混淆，學校再易名為「皇仁書院」，沿用至今。

　　皇仁早年已鼓勵學生參與課外活動。自二十世紀初起，皇仁學生在運動和學業上的優異表現，於香港及華南地區廣受稱許，令報讀人數不斷增加。該校更於1899年創立首份中英雙語校刊《黃龍報》，又於1904年重新將中文列為必修科，為中英並重的教育先鋒。

　　1914年第一次世界大戰沒有波及香港，但1941年二次大戰日本佔領香港時，皇仁終於難逃停課厄運。校舍不單被日軍挪用作騎兵總部且遭到搶掠，更被戰火嚴重破壞。戰事結束後，學校於1947年復

自1899年開始出版的《黃龍報》。
圖片來源：皇仁書院

學生小息時走到運動場的情景。攝於 1903 年。
圖片來源：皇仁書院

課，與官立漢文高級中學（現金文泰中學，參見本書第 122 頁）共用位於
堅尼地道的臨時校舍。

　　1950 年，皇仁搬到銅鑼灣高士威道現址。新校舍原為皇后運動場，
皇仁學生早於 1890 年代已在那兒上體育課，更曾在此舉辦運動會。1951
年，書院改行六級制，取代八班制，再於 1953 年將大學預科課程由一年
改為兩年。

　　皇仁承傳逾 160 年歷史，一直為香港作育英才。學生無論在學術、
專業、體育和藝術等各方面，均人才輩出，表現卓越。

1950 年 9 月 22 日，位於銅鑼灣高士威道的校舍正式啟用。
圖片來源：皇仁書院

（左起）李子建教授、黎慶寧教授、劉震先生、梁路得校長

受訪者	**黎慶寧教授**，1970 年於皇仁書院畢業。前香港保安司及香港特別行政區政府保安局局長，現為香港大學政治及公共行政學系榮譽教授。 **劉震先生**，1982 至 1988 年於皇仁書院就讀中一至中六。現為香港特別行政區政府文化體育及旅遊局副局長。 **梁路得女士**，現任皇仁書院校長。
訪問者	李子建教授

受訪片段

沒有港鐵的日子

　　黎慶寧教授畢業於 1970 年，當初選擇入讀皇仁純是遵照父親意願，後來卻對母校漸漸產生深厚感情。黎教授當時住在跑馬地箕璉坊附近，上下課都乘坐巴士，車廂內擠滿乘客。他打趣說，如果睡眠不足，大可在車上站着睡覺，因為就算睡着了也絕不會跌倒。

　　劉震先生於 1982 年入讀皇仁。他家在西灣河，每天往返學校主要靠電車。雖然車資便宜，但行車時間和班次極不穩定；電車軌道也不時給巴士和小巴佔用，備受路面交通影響。幸好 1985 年地鐵港島綫通車，他終於可以多睡一會才出門上學。

學習旅程上的啟蒙與探索

　　學校老師是無數年輕人成長路上最重要的啟蒙者，影響一生至鉅。黎教授最難忘的師長是來自內地的中文科老師：雷鏡鎏老師。雖然皇仁是以學生英語出色見稱的「番書仔」學校，但在同學稱作「雷公」的雷老師悉心指導下，學生的中文造詣大有進步。另一位音樂老師黃飛然老師也大有來頭，是 1940 年代上海的聲樂家，百代唱片也曾替他灌錄唱碟。黃老師常常舉辦校內午間音樂會，培養同學對古典音樂的興趣和欣賞力。而劉先生則特別記得中三時的英文科古老師，「英文文法基本上就是在那一年學會的」。他認為自己能夠打好英語基礎，古老師實在功不可沒。

　　黎教授又與大家分享學習之道，深信學習的關鍵是啟發興趣。黎教授憶起唸中三時，每星期有一節圖書課，同學可以選擇做功課或看圖書，黎教授便在學校圖書館四處找書看。某次偶然翻起一本以照片為主的圖書：*Tarawa*，描述二次大戰太平洋戰區美軍和日軍在塔拉瓦環礁的一場慘烈戰役，圖文並茂，登時引起他的興趣；讀後意猶未盡，一本接一本，再閱讀其他題材的課外書，進而到其他圖書館看書。由是眼界大開，英語水平也與日俱增。

自學與互助　事半功倍

　　雖然年代不同，黎教授與劉先生都深感濃厚的自學風氣和互助精神，正是皇仁的傳統。劉先生說，每逢考試季節，大家會努力搜羅過往試題，以及坊間的解題「祕笈」，一起參詳研究，分享心得。這種互助交流，讓彼此學得更快；懂得教人之餘，自己亦有所得益。黎教授憶及中六時的地理課：由於沒有唸過物理，他弄不懂氣候學，便請教修讀工程的同學，當然得到大家的幫忙呢！

　　黎教授亦道出皇仁與別不同的教學方式：學生並非單靠老師，而是自己主動追求學問。曾有一些外來預科生對老師上課沒有派發筆記，大惑不解。此外，皇仁學生上課時，好像不大留心聽課，也不看教科書；其實，他們已在圖書館預先讀了相關的參考書，回到教室再與老師切磋論辯。雖然時代更迭，但梁路得校長指出，現時皇仁學生仍然保留這份主動求學和好學不倦的精神，更很有主見。

校園生活見證社區變化

　　皇仁學生課外活動的發展與他們的學業表現亦不遑多讓。梁校長指出，今天的皇仁學生，動靜皆宜，無論音樂或運動，都是學校強項，辯論隊也繼承了着重思維和說話技巧的優良傳統，天文學會在學界更享負盛名。

　　兩位校友回想在學年代，母校提供的課外活動可謂五花八門。黎教授熱愛籃球，甚至曾在校工開門前就爬過鐵閘，跑到球場打球。其他同學也興趣廣

學生於課餘時間踢毽子。攝於 1903 年。
圖片來源：皇仁書院

皇仁童軍室是現今校舍內歷史最悠久的建築物，獲評為香港二級歷史建築。
圖片來源：香港教育大學香港教育博物館

泛，更有愛踢足球的同學畢業後加入甲組球隊。劉先生則較為文靜，曾受中一班主任薰陶加入棋藝學會。黎教授憶述，當年也曾負責籌備領袖生舞會，惟邀請女校參加時卻非一帆風順，因為曾被女校校長當面拒絕而尷尬不已。不過，這也是學生時代難忘的回憶。

　　學校的周圍，也讓皇仁校友留下不少回憶。黎教授求學時，在大坑的大排檔花五角就可以吃到一碗艇仔粥和「炸兩」，或是一碗魚蛋河或蛋骨河。而很多時，他為了打籃球，寧願犧牲午飯，臨上課前才匆匆跑到小賣部，買點麵包和汽水充飢。黎教授又會用午飯省下來的錢，去看公餘場電影。1960 年代流行的是外語電影，也有些國語電影。

　　劉先生 1980 年代在皇仁就讀，那時港產電影和唱片等娛樂事業開始步入高峰，戲院數目非常多。學校附近就有：新都、百樂、翡翠和明珠各大戲院。此外，遊戲機中心也開始流行。由於穿着校服不能入內，頑皮的同學會用雙面膠紙把校徽貼在白襯衫口袋，以便隨時撕貼。不過，黎教授卻有不一樣的校徽故事。由於頻頻洗滌會把校徽弄破，一些家長竟想出妙法，就是為校徽和白襯衣口袋縫上按扣（四合扣）；洗校服前只要先把校徽脫下來，洗滌後再貼上，便完好無缺，可說既貼心又暖心。

　　百多年來，皇仁不同年代的莘莘學子見證了社區和居民的生活變化，亦為母校和香港教育歷史留下重要足跡。

香港華仁書院

香港華仁書院（下稱「華仁」）是香港第一所由華人開辦的英文學校，創校過程十分低調，卻盡顯博愛。1910 年代末，徐仁壽先生眼見許多適齡學童流連街頭，乃毅然於 1919 年 12 月 16 日創立「華仁書院」（Wah Yan English School），為華人男孩提供中學教育，校名中的「仁」字即取自其名。

華仁最初設址於中環荷李活道 60 號二樓，只有一間教室、一名老師和四名學生。同年聖誕節後，學生已增至 20 人，並正式註冊為學校。其後學生持續增加，為了擴班，學校於 1920 年 3 月另行租用卑利街 54 號 A 二樓，4 月又租用荷李活道 60 號三樓。1921 年，全校再遷往半山羅便臣道 2 號，即高主教書院現址；新校舍面積較大，可容納當時已達 300 名的學生。徐仁壽先生更邀得聖若瑟書院舊同事林海瀾先生，一同辦學。由於成績卓著，華仁於 1922 年成為第一所由華人辦理的政府補助學校。由於學生人數不斷增加，港島校舍不敷應用，學校於 1924 年在九龍油麻地砵蘭街 70 號，增設分校，為九龍華仁書院前身。1927 年，華仁開設學生宿舍，申請人數甚多，宿位由起初 50 個，到 1936 年增至 150 個。經過短短十年，華仁於 1929 年已有逾 1,200 名學生和 45 位老師了。

1930 年代初，徐仁壽先生有感私人辦學難以進一步發展，乃於 1932 年將學校轉交予愛爾蘭耶穌會接辦。將華人掌管的學校移交西方宗教團體管理，當時曾引起議論；不過，時任校長嘉利華神父（Fr Richard Gallagher, SJ）引進更多課外活動和社會服務，並在學術上有出色表現，終於以其個人魅力和優質管理，贏得師生信任。嘉利華神父為學校撰寫的禱文一直沿用至今，反映學校以信仰為核心的教育理念和辦學精神。

早年位於羅便臣道的校舍。
圖片來源：香港華仁書院

1955 年，學校遷至灣仔皇后大道東現址。
圖片來源：香港華仁書院

　　二戰期間，學校停課，被徵用作難民營；1942 年，華仁以 "Wah Yan
Chung Hok" 名義繼續授課。1945 年二戰結束，學校重開；其後繼續拓
展，成立不同類型學會，舉辦戲劇比賽，以及參與社會服務，包括：開辦
夜校。1955 年，學校遷至灣仔皇后大道東 281 號現址。一個世紀以來，
華仁人才輩出，培育了無數成就超凡、才華橫溢的學生。

（左起）陳偉倫校長、高世章先生、譚廣亨教授、李子建教授

受訪者	**譚廣亨教授**，1971 年於香港華仁書院畢業。現為澳門科技大學副校長。
	高世章先生，曾就讀於香港華仁書院。現為音樂劇及電影作曲家。
	陳偉倫博士，現任香港華仁書院校長。
訪問者	**李子建教授**

受訪片段

一個舊教室　訴說一段段歷史情懷

　　1W 教室是全校最特別的教室，至今仍然沿用 1950 年代的紅木書桌。陳偉倫校長介紹說，隨着歲月流逝，華仁校舍的桌椅家具已多番更換，但校方希望把一些珍貴的歷史文物保存下來，因而在 1W 教室保留了學校搬遷至灣仔校舍時使用的書桌。兩位校友故地重遊，睹物思情，多年前的回憶片段，不禁一一湧上心頭。

「午飯團」　味蕾上的回憶

　　學生時代，大家翹首以待的，就是午飯時間；而至今難忘的，更是蘊藏其中的同窗深厚情誼。譚廣亨教授開心地分享道，他們一行八人，曾

1930 年代的華仁書院學生宿舍啟事。
圖片來源：香港華仁書院

組成「午飯團」，一起外出談天說地。他們經常光顧銅鑼灣的金雀餐廳；想吃中菜時，大夥兒就會去跑馬地松竹樓。儘管畢業後各有發展，每逢同窗聚會，大家總會到金雀餐廳或松竹樓緬懷一番；可惜，兩家食肆現已結業，只能在腦海中追憶當年的味道了。

　　高世章先生最喜愛的，卻是學校飯堂的免治牛肉飯。上學第一件事就是跑去買飯票，而飯票與華仁校褸竟同是藍色的。偶爾不想在校內吃飯，他就會和同學一起到灣仔「覓食」。

男生的成長歲月

　　譚教授笑稱，華仁是「和尚學校」，成長中的男生開始對異性產生興趣，這也是他們外出午飯的原因之一。午飯時能與附近女校女生眼神交會，就足以樂上半天。當年，他們通過學生團契等聯校活動，與港島區瑪利諾中學、聖保祿學校、嘉諾撒聖心書院和嘉諾撒聖方濟各書院等天主教女校，建立密切聯繫。多年後，大家仍會經常提起聖誕舞會那一年一度的盛事，以及其他派對；當中也曾撮合過不少對「華仁仔」與「華仁嫂」成為終身佳偶呢！

　　另一樁叫譚教授難忘的往事，是當時的校長狄恆神父（Rev Fr Alfred Deignan, SJ），每天早上八時上課鈴聲響起前，他總會站在學校門口歡迎學生。有一天，譚教授雖然抄小路回校，還是遲到，本來以為會給校長責罰，豈料校長只是莞爾一笑，告誡他不要再犯。這反而令他汗顏，自此學會自律和更加主動，這就是華仁師長讓同學自發改善自我的方式。譚教授

表示，能在耶穌會神父的身教下成長，着實心存感激。神父們不僅包容學生，更關心他們的學習，不時鼓勵大家探索人生，曉諭哲理，讓學生思考如何對社會作出貢獻。陳校長指出，華仁提倡的「與君同行」精神，正是源自耶穌會的教育理念，鼓勵學生做人處事，必須顧及社會和他人，而非單為自己。華仁亦承傳耶穌會的辦學特色，着重全人教育。陳校長說：「早年華仁有 20 多名神父，班主任均是由神父擔任。現在，校內仍有耶穌會一位神父和一位修士擔任教學工作，而校監亦是耶穌會神父兼華仁舊生。」

高先生在學年代學校還未有交響樂團，但校內的才藝活動已給了他一個舞台，讓他很早就得以展示自己的作曲才華。他唸中一時已寫成了一首器樂曲，而學校的音樂室便成為他第一次發表作品的地方：他彈琴，而同學則吹笛、打鼓。高先生深深覺得，如果沒有學校和老師的支持與鼓勵，他不可能踏上今天的音樂路。高先生更憑曲寄意，特別寫了 *We Are Men for and with Others* 一曲，紀念華仁的一百周年。

談到華仁校服，陳校長說，自 1950 年代開始，巴烈德神父（Fr Cyril Barrett, SJ）特地從英國訂布料回香港，縫製學生的淺藍色校褸。淺藍色代表天空，希望同學有更廣闊的視野。譚教授補充道，在他的學生年代，

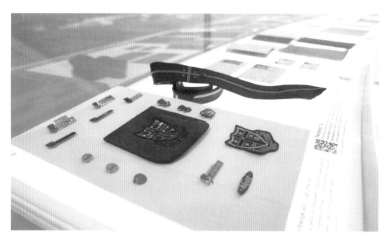

香港華仁書院校史館於 2022 年底成立；圖為校史館內展示的校章和校呔。
圖片來源：香港華仁書院

華仁校褸就已是獨特的淺藍色，而其他大部分男校的校褸卻多為深藍色，因此非常突出。至於亦是藍色的學校領呔，則是 1959 年由一名華仁學生設計，別具意義。

不同時代的遊歷人生

　　提到學校旅行，高先生最深印象的是中二那年，目的地為十四鄉（現西沙路一帶）。當年，他和一位同學於中一時曾有爭執，中二時雖同班，仍心存芥蒂；豈料旅行時卻走在一起。由於那天他沒有帶備任何食物，那位同學卻樂意和他分享三文治，由是和好如初，至今更成為好友。譚教授亦記得，當年班上會討論學校旅行的目的地，如：沙田車公廟和較遠的城門水塘等。礙於當時家庭環境，譚教授曾因交不起費用而未能參加學校旅行；學校也很通融，安排不能參加旅行的學生留校活動。後來，譚教授也會盡量參加，與同學一起度過快樂時光。

　　陳校長說，現在學校舉辦旅行是以班為本，讓每班同學選擇目的地，因而也變得多元化，如：海洋公園、迪士尼、長洲和大嶼山等，應有盡有。他期望疫情過後，可以盡快復辦海外及內地的交流計劃。譚教授更提及，當年在英國也曾接待過華仁的學生大使。他覺得母校安排學生到英國或美國遊學一個月，對年青人來說，實在是難能可貴的人生經驗。

1933 年，華仁推行社制比賽，一方面讓學生建立友誼，另一方面發掘學生運動潛能。
圖片來源：香港華仁書院

瑪利曼中學

　　瑪利曼中學（下稱「瑪利曼」）創校至今將近百年，為香港培育了不少成功女性。瑪利曼中學與瑪利曼小學（參見本書第 86 頁）為直屬學校，瑪利曼小學畢業生大多能直升中學。中學校舍位於跑馬地藍塘道 123 號，與直屬小學校舍相鄰。

　　中、小兩所學校皆由瑪利諾女修會於 1927 年創立，當時名為「聖神學校」（Holy Spirit School），校舍設於羅便臣道的華人社區，最初只有四位修女負責一切運作。學校取錄不同國籍學生，所有科目均以英語授課，包括：英文、數學、歷史、地理及衛生，另設中文、葡萄牙文和法文等科目。1930 年，學校遷往堅道 140 號，校舍樓高三層，設有七個教室，並提供更多戶外空間。到了 1941 年，聖神學校提供的課程，已涵蓋小學至大學預科。

　　聖神學校於二次大戰期間停辦。1948 年重開時，申請入學人數約 700 人，學校亦改名為「瑪利諾學校」（Maryknoll School），同年並取得補助資格。為配合擴展，該校於 1957 年遷往跑馬地藍塘道現址，並改名為「瑪利諾小學」及「瑪利諾中學」（Maryknoll Sisters' School）；翌年招收 866 名學生，由 11 名修女和 21 名老師任教。1961 年，小學部在大坑道另設校舍，而中學部則繼續沿用現址。

　　瑪利諾女修會先後於 1978 年及 1980 年將中學部和小學部辦學權交予聖高隆龐傳教女修會，並於 1983 年分別易名為「瑪利曼中學」（Marymount Secondary School）和「瑪利曼小學」（Marymount Primary School）。隨着學生人數不斷增加，學校的修女院區自 1993 年起改作教學用途。1997 年，中學和小學同由基督生活團接辦。儘管辦學團體經歷兩次改變，瑪利

曼仍然貫徹實踐天主教的使命和教導，培育學生關心和服務他人，以期建立一個公平和富有同情心的社會。

　　現在，瑪利曼除了推動基督生活團着重的依納爵靈修，培養學生價值觀外，還定期舉行天主教儀式，例如：每個上學日都以早禱作開始，在節慶或特別日子舉行彌撒，並定期聯同小學舉行家庭彌撒等。此外，學生領袖還會擔任宗教活動召集人（Religious Activity Convenors（RAC）），帶領校內各類型的宗教活動，讓學生在信仰上持續成長。

昔日聖神學校學生下課後排隊離開校園。
圖片來源：瑪利曼中學

（左起）何建儀校長、馬慧敏女士、江馨平女士、李子建教授

受訪者	**馬慧敏女士**，1977 至 1989 年於瑪利諾小學（現瑪利曼小學）及瑪利曼中學就讀小一至中六。現為智樂兒童遊樂協會執行委員會主席。 **江馨平女士**，1985 至 1993 年於瑪利曼小學及瑪利曼中學就讀小一至中三。現為北山堂基金行政總裁。 **何建儀博士**，現任瑪利曼中學校長。
訪問者	**李子建教授**

受訪片段

口碑載道的學校

馬慧敏女士當年是在母親友人推薦下，入讀瑪利諾小學一年級；其後更見證了母校易名「瑪利曼」，並分為兩所直屬學校的經過。馬女士在瑪利曼唸至中六，並考獲暫取生資格入讀香港中文大學。回想中學時期，每天雖然要乘搭 19 號巴士及 5 號巴士來回家校，輾轉費時，她卻非常慶幸能在瑪利曼接受中小學教育。

江馨平女士也認同馬女士所言，能在瑪利曼成長是一種福氣。江女士三歲時移居香港，三姊妹均在瑪利曼就讀。「當時沒有互聯網，家長得到的資訊不多。父母是經由利孝和夫人介紹，才認識瑪利曼的」。聽過介紹後，父母決定讓女兒一試。姊姊首先獲取錄，江女士接着亦入讀瑪利曼

小學一年級，中三後才負笈海外。

締造關愛和自由風氣的「開心校園」

　　瑪利曼自創校以來，一直秉承天主教的辦學理念，尤其注重價值觀教育。馬女士眼中，瑪利曼學生不單英語水平高，還擁有特別氣質，樂於關懷他人，她相信這是宗教陪伴成長的薰陶所致。事實上，瑪利曼學生無論是否天主教徒，皆品性善良。

　　江女士則形容瑪利曼學生長於表達，也擁有陽光般的活潑個性；踴躍參與不同活動之餘，同學之間關係也很良好。江女士更認為瑪利曼學生極具同理心，她說：「學校沒有刻意去教授這些，可能是老師的身教吧，讓校園充滿關愛親切的氛圍。」

　　何建儀校長心目中，瑪利曼是一所「開心學校」。學校不會高舉校規，只會鼓勵正面行為。學校亦不設風紀領袖生，反而提倡學生自律，連夏季校服也有兩種顏色給學生自由選擇。何校長說：「學校給予學生空間與自由去思考和表達意見，她們因而敢於分享自己的想法。」何校長尤其欣賞同學之間的互助精神，如在預備考試或比賽中，不僅同學間會分享資料，家長亦會彼此幫忙。

引人入勝的年度盛會

　　談到課外活動，江女士率先想到一年一度的運動會。雖然運動比賽免不了競爭，但同學均抱着團隊精神，以愉快興奮的心情參與。江女士當年是運動健將，除了是排球隊員外，她也是田徑隊員，曾參加跨欄和短跑比賽。馬女士則參與不同的演藝活動，如：合唱團和中英文朗誦等。她認為母校鼓勵學生參與課外活動的目的，並非為了贏得獎項，而是讓學生嘗試和體驗不同事物。此外，她也曾擔任宗教活動召集人，以及學生會文

聖神學校中學部的課堂。
圖片來源：瑪利曼中學

昔日學生會會議。
圖片來源：瑪利曼中學

書。這些領袖訓練的機會令她獲益良多。

　　瑪利曼另一年度盛事就是每年 7 月舉行的嘉年華，這個傳統一直延續至今。江女士憶述，全校每班會在有蓋操場和小賣部外的空間，架起自己的攤位；設計和佈置裝飾等均由學生親力親為。由於要購券才能參加攤位遊戲，馬女士每年為此積極儲錢，可見她對嘉年華會的熱切期待。

獨具慧眼　激發學生潛能

　　說到求學生涯中的深刻記憶，兩位校友均由衷感謝引導她們成長的良師。馬女士記得，由於她身為宗教活動召集人，Sr Mary Mortell 便邀請她在彌撒中擔任領唱；可是，她覺得尷尬，也缺少勇氣，因而拒絕修女好意。不料修女卻不容她退縮，還鼓勵她說：「你可以的，你一定要嘗試。」馬女士只好硬着頭皮接受挑戰，雖然初期表現不太理想，但多試幾次後已看到自己的進步。這次經歷令她勇於踏出舒適區，建立信心，未來遇上挑戰時，突破自己。

瑪利諾小學及瑪利諾中學於 1957 年搬到藍塘道，即瑪利曼中學現址。
圖片來源：瑪利曼中學

　　江女士的回憶還要早一些，雖然發生在小學時期，同樣反映兩校老師對學生的啟迪。她記起唸小三時，班主任 Mrs Tsim 在開學第一個星期，便問大家誰想當班長。全班同學紛紛舉手，結果反而自覺平凡的她獲選上。江女士笑言，本來只是因為喜歡擦黑板才舉手競逐，但當上班長後，自信心固然增強，還發覺自己原來可以承擔更多責任，成績亦因而大有進步。江女士認為，這是一種領袖訓練，老師讓學生發掘自己的潛能。而這不啻是她成長過程中的一個轉捩點。

　　瑪利曼正邁向創校一百周年，校友和校長都寄望瑪利曼的學生，能夠將自己從學校承受的祝福，不計回報地傳給世人。

瑪利曼小學

瑪利曼小學位處跑馬地大坑道，其直屬中學則為相鄰的瑪利曼中學（參見本書第 80 頁）。兩所女校由美國瑪利諾女修會於 1927 年在中環羅便臣道創立，最初名為「聖神學校」（Holy Spirit School），只有四個細小的教室，容納八班學生。1930 年，學校遷往位於堅道 140 號一所古舊大宅繼續辦學，增至七個教室，學生人數亦不斷上升；1941 年，因日本佔領香港而被迫停辦。

七年後（1948 年），學校復課，改名為「瑪利諾學校」（Maryknoll School）。因學校空間及設施供不應求，於 1957 年遷至跑馬地藍塘道，並改名為「瑪利諾小學」及「瑪利諾中學」（Maryknoll Sisters' School），校舍同時供小學和中學使用。1961 年，小學部遷至大坑道現址，設有 12 個教室，上、下午校共開 24 班，並繼續取錄男生。

1980 年，瑪利諾女修會將小學部的辦學權，交予愛爾蘭的聖高隆龐傳教女修會。1983 年，小學更易名為「瑪利曼小學」（Marymount Primary School）。1997 年開始，瑪利曼小學改由基督生活團接辦至今，繼續秉承優質教學的傳統和天主教修會的辦學精神。2002 年，瑪利曼小學轉為全日制。為提供更完善的設施，大坑道校舍在同年開展重建工程，並連接瑪利曼中學。2006 年，新校舍落成啟用。

瑪利曼小學十分重視信仰傳統，一直維持在校內舉行天主教的儀式，包括彌撒和每年 5 月（即聖母月）的聖母加冕禮。學校又積極推行價值教育，更設計了六個吉祥物，各代表一種價值觀，包括：責任感、感恩、關愛、誠信、堅毅與智慧，成為每學年的主題。學校亦訂立「尊重守則」，培養學生的自律和自覺，幫助她們建立良好品德。

聖神學校學生在操場上進行集體遊戲。攝於 1934 年。
圖片來源：Maryknoll Mission Archives

老師在教室授課。攝於 1934 年。
圖片來源：Maryknoll Mission Archives

（左起）謝穎琪副校長、鄭玉鸞博士、李子建教授、甯漢豪女士、鄒逢成副校長、鄧頴瑜女士

受訪者	**鄭玉鸞博士**，1962 年及 1967 年分別於瑪利諾小學及瑪利諾中學（現瑪利曼小學及瑪利曼中學）畢業。現為香港大學生物化學系名譽助理教授。 **甯漢豪女士**，1976 年及 1983 年分別於瑪利諾小學及瑪利諾中學（現瑪利曼小學及瑪利曼中學）畢業。現任香港特別行政區政府發展局局長。 **謝穎琪女士**，現任瑪利曼小學副校長。
訪問者	李子建教授

受訪片段

轉學是新起點

　　鄭玉鸞博士小時候在恩平道一所中文小學就讀。家人雖然注重中華文化傳統，也深明英文教育的重要性，因此，1959 年便安排她插班入讀當時位於跑馬地藍塘道的瑪利諾小學三年級。她還記得，當年和同學很期待遷校，不時從藍塘道校舍附近的小徑，穿過樹叢和石級，探看新校舍的模樣。鄭博士是首批在大坑道新校上課的六年級生，1962 年小學畢業，並於原校升讀中學，直至 1967 年中五畢業。鄭博士從英國學成歸來後，更成為瑪利曼小學校董。

　　與鄭博士一樣，甯漢豪女士本來也是在另一所小學就讀。她記得小一那年某天，媽媽突然帶她到瑪利諾小學面試，可惜並不成功；翌年再接

1960 年代瑪利諾小學於大坑道的校舍。
圖片來源：瑪利曼小學

再厲，終於如願以償，於 1970 年在瑪利諾小學重讀小一，直至 1983 年中七畢業（當年是中學改名為瑪利曼中學之前最後一屆「瑪利諾中學」的預科畢業生），先後經歷過兩個不同修會管理學校的時期。甯女士當年家住中環麥當勞道，而小學已搬到現今校址，因此她每天都會乘搭「白牌車」（當年載客的私家車）上學和回家。

傳承天主教修會辦學傳統

　　鄭博士印象中，母校當年由美國修女辦學，一直很着重英語，因此，傳統上學生的英語能力比中文優勝。她起初轉校到瑪利諾小學時，曾因聽不懂老師和同學的英語對答感到失落，直至後來才漸漸適應過來。鄭博士亦提及，當年母校還設有法文班，讓不想讀中文或覺得讀中文很吃力的學生，選修法文課作取代。法文課採用小班教學，每班約有 20 至 30

1975 年於聖母月舉行的聖母加冕禮。
圖片來源：瑪利曼小學

人，選讀的大多是少數族裔同學。當時，全港只有幾所學校開設法文班。

此外，美國修女亦重視多元化課外活動，並把這類辦學模式引進學校。鄭博士當年選擇了相對較靜態的活動，好像：下棋、攝影和吹奏牧童笛。甯女士小學時期曾加入合唱團，中學時期則投入宗教信仰活動，參加了聖母軍。儘管物換星移，謝副校長卻指出，時至今日，該校的課外活動依然多姿多彩，有體育、音樂、朗誦和戲劇等類別，供學生選擇。目前，學校為慶祝建校 95 周年紀念，正籌備一齣音樂劇，讓學生可以盡展演藝才華。

由於辦學團體為天主教修會，瑪利曼小學一向具有濃厚的信仰色彩。甯女士憶述，當年每到五月的聖母加冕禮（學生所熟悉的名稱為 "May Crowning"），各班會派出一名代表，穿上白裙，打扮得漂漂亮亮地，向台上的聖母獻花，然後大家一起唱詩歌；獲選中穿白裙的女孩都會自覺身負光榮使命，而這項特別活動仍傳承至今。甯女士又提到一直屹立

在學校附近的聖瑪加利大堂，駐堂的神父非常支持學校，更不時親自到校主持彌撒和其他宗教活動。

嚴厲的背後是謙卑服侍

鄭博士認為瑪利諾修女熱心辦學，雖不會過於規管學生，對校服和信仰卻有嚴格要求。她記得中學時，學生每年都要在禮堂跪下，讓修女量度校裙長度能否碰到地面。另外，學生一定要背誦聖經，鄭博士曾經因為未能熟讀聖經而被 Sr Ann Carol 責備。雖然修女有嚴厲的一面，但當同學畢業離校，她們卻依依不捨。Sr Ann Carol 退休後住在紐約的修院，鄭博士和一些同學仍然與她保持聯絡，更曾邀請她一起乘坐阿拉斯加郵輪。

跟聖高隆龐修女接觸較多的甯女士坦言，由於當年（大約 1978 至 1979 年）聖高隆龐修會是接替瑪利諾女修會承辦學校，年少無知的學生會誤會是聖高隆龐修會把原本的辦學團體「趕走」，因此部分學生對聖高隆龐修女有所抗拒。有一次聖高隆龐修女 Sr Mary Mortell 問她，為何同學們好像對聖高隆龐修女不友善，希望知道可以怎樣改善關係。甯女士指這次對話令她深受感動，她從沒料到修女竟如此謙卑和重視學生想法。跟聖高隆龐修女相處多年，她充分體會修女其實一直在謙卑地服侍，面對壓力依然盡心辦學，不求回報和掌聲，為了培育年青人甘願離鄉別井到一個陌生的地方服務。時至今日，甯女士有機會還會到愛爾蘭探望聖高隆龐修女。

秉持愛心　傳揚美善

鄭博士回顧當年接受瑪利諾修女教育的日子，印象最深的是，修女很注重人權、平等和民主等價值，所以那時接觸了很多關於美國、非洲和歐洲國家的議題。她希望學校能保存全人教育的傳統，為學生提供多元化

的活動，而非只看重學業成就。甯女士認為，母校作風謙厚，並沒有要做最頂尖、最高調或學界中的學霸，反而更重視全人教育和信仰培育。她期望母校能繼往開來，培育學生懂得關懷他人。謝副校長亦認為，現時的學生也承繼了該校一直提倡的特質：既有愛心，又懂得主動關心身邊的人。她深盼所有學生都能為社會和身邊的人帶來美善。

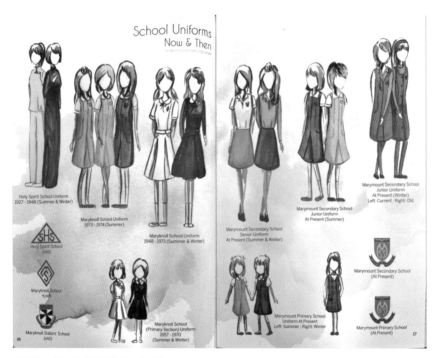

瑪利曼小學和瑪利曼中學校服的演變。
圖片來源：瑪利曼小學

鄧肇堅維多利亞官立中學

鄧肇堅維多利亞官立中學（下稱「維官」）創立於 1933 年，當時命名為「初級工業學校」，附設於灣仔加路連山的前「維多利亞英童學校」，為香港第一所由政府創辦的全日制工業學校，提供四年制的學徒前期訓練；成立時只有四名教職員和 40 名學生。

該校曾於二戰期間停辦，其後於 1947 年遷往灣仔活道，附設在當年的「香港工業專門學院」（香港理工大學前身），俗稱「紅磚屋」。1948 年復課後，學校為年約 12 歲的學生，提供四年制的工業教育課程，培訓他們成為工程機構技工。課程着重教授工程學、模型製造、工業繪圖及應用科學等科目，學生共有 83 人。1950 年，學校與摩理臣山官立小學共用皇后大道東的校舍，佔用校舍頂層，開設七班。

1957 年，學校更名為「維多利亞工業學校」（下稱「維

紅磚屋位於灣仔活道，曾為社區地標之一。
圖片來源：鄧肇堅維多利亞官立中學

工」）。為迎合當時社會發展和學生需要，課程也逐漸擴闊，並改為五年制，開始與工業學院分家；惟仍保留專科課目，包括：木工、金工和工業繪圖。除教授中文、英文、數學及科學等主要科目外，學校亦增設中國文學、歷史、地理、公民及音樂等學科。學生亦於是年首次參加香港中學會考。同年 9 月，學校遷回活道紅磚屋舊址。由於學生人數持續增加，該校自 1970 年起向鄰近的賽馬會官立小學借用八個教室。1977 年，全校共設29 班，而賽馬會官立小學則成為維工的分校。

　　1979 年，學校再易名為「鄧肇堅維多利亞工業學校」，以紀念鄧肇堅爵士慷慨捐助；同年 11 月遷至現今位於灣仔愛群道的校舍，並開始招收女生入讀初中。當時女生修讀文法科目，以及家政和打字等實用性科目。其後，為配合教育署在《職業先修及工業中學教育檢討報告書》中的建議，並實際反映學校課程與時並進及更趨多元化，學校於 1997 年從校名中除去「工業」二字，改名為「鄧肇堅維多利亞官立中學」。

工業繪圖科為學校早期主要科目之一，後來改為圖像傳意科。
圖片來源：鄧肇堅維多利亞官立中學

（左起）鄭保瑛博士、陳華偉先生、賴炳輝校長、李子建教授、嚴志明教授

受訪者	**陳華偉先生**，1971 年於維多利亞工業學校（現鄧肇堅維多利亞官立中學）畢業。為 DAVID CODE LIMITED 的創辦人及現任董事。
	嚴志明教授，1976 年於維多利亞工業學校畢業。現為香港設計中心主席、香港理工大學設計學院顧問委員會主席、團結香港基金顧問、教育統籌委員會委員。
	賴炳輝先生，現任鄧肇堅維多利亞官立中學校長。
訪問者	**李子建教授**

受訪片段

滿佈油漬的紅磚牆

　　維工當年以木工和金工等專科著稱，學生都會接受工科的基本訓練。陳華偉先生就讀的 1960 年代，中一至中三的學生須同時學習木工和金工，升上中四至中五時才二選其一。上課時，大家必須穿上俗稱「蛤姆衣」的工作服。畢業較他晚數年的嚴志明教授表示，他就讀時，工作服已由「蛤姆衣」換成圍裙了。

　　談及金工課，二人不約而同地想起紅磚屋外那道牆。陳先生說：「上完金工課後，大家雙手都很髒，即使用肥皂也洗不掉手上的油漬，所以不少同學塗完肥皂後就用牆壁把油漬擦走。」嚴教授補充道：「當年用來洗手的是砂梘。砂梘很粗糙，學生輪流使用後會變得愈來愈小。由於人數眾

學生穿上俗稱「蛤乸衣」的工作服上課。
圖片來源：鄧肇堅維多利亞官立中學

多，同學大都不等砂梘傳到手上，就直接在紅磚牆上擦手清潔。」日積月
累下，紅磚牆的表面給同學磨到平滑，還滿佈油漬呢！

事非經過不知難

　　陳先生回想第一堂木工課，是要將一塊木頭的所有平面，刨成跟相
鄰每面成直角 90 度，而手上的工具只有三角尺和木刨。任務看似簡單，
卻因技巧還未熟練，每個平面不是凹入就是凸出；在不斷重複修改之下，
那塊大木頭結果變成了一支筷子。由於陳先生的父親當年從事木工，家中
有很多木工工具，他對木工因而份外親切。隨着技藝日臻純熟，陳先生終
獲准毋須老師陪同即可自行使用車床。當時僅有兩名學生可以獨自使用車
床，他就是其中之一。

　　嚴教授則對金工課做窩釘有深刻體會。當時他要把兩塊金屬片夾在
一起，並把釘子弄成圓頭；可是，他並不懂得怎樣做，一不小心錘子就

打到自己的拇指，痛得他淚水直流，手指瘀黑起來。自此，他做每件事情都小心翼翼。他又憶起在木工課學習「入榫」時，可以用木粉把虛位填滿，令外行人以為榫位造得非常精準，沒有任何虛位；不過，到頭來也逃不過老師法眼。嚴教授覺得，做木工和金工能加強學生對物料和工具的認識，而且很實在；有時候要求看似簡單，要做到完美卻十分困難。他坦言很享受工科的課堂，因為自己親手做出製成品，很有成功感。

陳華偉先生中五畢業證書。
圖片來源：鄧肇堅維多利亞官立中學

從多元興趣中發掘終身志業

　　另一段叫兩位校友印象難忘的回憶，就是踢「西瓜波」。當年，學校只有一個籃球場大小的空地，卻畫上不同界線，充當四種球類的場地，包括：足球、籃球、羽毛球和排球。不過，由於球場旁邊是金工室，有大玻璃窗，校方規定不能踢皮球，只好改踢俗稱「西瓜波」的塑膠球。陳先生、嚴教授和同學們很喜歡踢足球，惟大約兩、三個月才有機會到校外踢球。維多利亞公園和皇仁書院旁邊的公眾足球場，以及跑馬地馬場中圈，都是他們經常流連之處。

　　當年維工學生的課餘嗜好也豐富多姿，好像陳先生和嚴教授都愛看電影，包括正場和公餘場。陳先生還記得《武士英魂》和 *Catch-22* 等英語名片。此外，陳先生也不時跟朋友開派對，與太太的姻緣也是從派對開始。他笑稱自己雖然比較頑皮活潑，偶然也會看書，連朋友都想不到他居然也讀過莎士比亞不少戲劇名著。正是這些成長經歷，讓他體會到，發展

「西瓜波」比賽。
圖片來源：鄧肇堅維多利亞官立中學

和發掘多方面不同興趣十分重要；在嘗試過程中，說不定就能找到自己的
終身志業。

　　嚴教授當年課餘活動的種類亦不遑多讓，更促使他對身邊事物產生
好奇。他很投入參與天文學會活動，常常跟同學露營、遠足、觀星和攝
影；當年露營時通宵聊天的情景，仍歷歷在目。嚴教授表示，他們當時都
喜歡探索新事物，曾一起到利舞臺觀看當年已算是很先進的激光表演；他
又曾跟隨當年喜歡航海的校長 Mr A. G. Martin 一起製造帆船。

貫徹始終的校訓精神

　　在 2023 年迎來 90 周年校慶之際，賴炳輝校長表示，維官將繼續提
供多元化活動，鼓勵同學積極參與。儘管現在學校再沒有金工或木工課，
但資訊科技和設計與科技等科目，已承傳了昔日事事親力親為的精神。賴
校長覺得今天維官的學生跟他們的前輩一樣，樂意嘗試不同事物，不會只
埋首書本。他們同樣擁有堅毅的特質，永不言棄，發揮維官貫徹始終的校
訓精神。

何東中學

　　何東中學（下稱「何東」）由已故何東爵士捐款創立，坐落於銅鑼灣嘉寧徑。1947 年，何東爵士計劃在香港捐辦一所女子學校，希望為家境貧困的少女提供最基本的職業訓練，幫助她們自力更生。其後因選址問題，計劃曾一度擱置。及至1953 年，「何東女子職業學校」創校，因當時與何東女子小學共用校舍，故此只在下午上課，錄取約 200 名學生；一年後學生人數大幅增加，教室不敷應用，小學結束，可使用整座校舍作更大發展；1960 年代再進行校舍擴建，增置設備完善的禮堂與五層高的教學大樓。

　　及至 1983 年，何東女子職業學校接收前身分別為東院道官立小學和南島英童學校的東院道校址，建立分校，當時全校共有過千名學生，並成為全港唯一擁有分校的官立女中學。何東的成立和擴展，見證了二戰後香港人口膨脹，社會各界如何盡心竭力為數目日增的兒童，提供教育。

1953 年，何東女子職業學校與何東女子小學共用嘉寧徑校舍辦學。
圖片來源：何東中學

　　何東校名的更替和課程的轉型，也反映了香港經濟模式與工業教育的變遷。學校創校本意是為年輕少女提供職業技能，故此設有家政、保姆及看護、商業、藝術和工藝等配合社會需要的職業訓練課程，供學生選修，協助她們日後投身社會工作。張謝琮賢校長創校不久，已高瞻遠矚，由 1954 年開始改以英語為教學語言；在她的任內亦將學制由三年改為五年中學會考課程，再發展至中六高等課程，讓學生可獲取多元化的知識技能、順利銜接大學課程和作專業發展。謝校長所作的努力，為學校日後數十載的發展奠定堅實的基礎，厥功至偉。

　　隨着 1960 年代香港工商業蓬勃發展，學校中文名稱於 1970 年改為「何東官立工業女中學」，由一所着重職業技能發展的職業學校轉型為提供多元化商業課程的工業中學，配合社會需要之餘，也增加學生就業機會。香港在 1990 年代產業結構再度轉型，為本地的工業教育帶來衝擊和挑戰。1998 年 9 月，學校再次易名為「何東中學」，從工業學校轉為文法中學，提供均衡教育，以培養才德兼備的時代少女為目的，與瞬息萬變的世界接軌。

打字課。攝於 1980 年代。
圖片來源：何東中學

（左起）鄧穎瑜女士、曾羅婉芬副校長、江美儀女士、蘇玉華女士、徐尉玲博士、李子建教授、鄭邵錦嫦校長、莫柳眉女士、廖鍾眉伍女士、陳念慈女士、何鳳蓮博士、李佩儀女士

受訪片段

受訪者	**何鳳蓮博士**，1962 年於何東女子職業學校（現何東中學）畢業。藝術家，為國畫大師趙少昂弟子。 **廖鍾眉伍女士**，1957 至 1963 年於何東女子職業學校就讀中一至中六。曾於母校任教多年。 **徐尉玲博士**，1959 至 1964 年於何東女子職業學校就讀中一至中五。現為香港董事學會行政總裁，母校前任管理委員會委員。 **莫柳眉女士**，1959 至 1965 年於何東女子職業學校就讀中一至中六。1964 年中五畢業後曾擔任母校校友會幹事。30 多年後，1996 年重回校友會，擔任主席一職至 2008 年。卸任後被委任為校友會顧問至今。 **陳念慈女士**，1980 年於何東官立工業女中學（現何東中學）畢業。香港羽毛球名將，曾任母校體育老師，現為香港賽馬會賽馬培訓發展委員會高級經理與見習騎師訓練學校校長。 **蘇玉華女士**，1987 年於何東官立工業女中學畢業。著名演員，並為香港浸會大學電影學院表演系兼任講師。 **江美儀女士**，1988 年於何東官立工業女中學畢業。著名演員。 **李佩儀女士**，1988 年於何東官立工業女中學畢業。現任母校校友會主席。 **鄭邵錦嫦女士**，現任何東中學校長。
訪問者	**李子建教授**

何東「人情味」豈只美食佳餚

　　何東校園四處飄香的「人情味」是校友們念念不忘的共同回憶。莫柳眉女士憶述於 1960 年代的學生生活，很多學生都用有水銀內膽的保溫飯壺帶午餐回校。儘管飯壺內膽經常會突然爆裂，飯壺主人卻不愁捱餓，因為身邊的同學都是「善長仁翁」，總會慷慨分享飯菜，溫情無限。而蘇玉華女士和江美儀女士憶述她們會留意其他班上烹飪課，先打聽菜式，然後在午膳時端上預先準備的盒子，請鄰班同學分一杯羹。此外，大家對多年來校外午餐的好去處，更如數家珍，從鳳城、國泰酒店、鄉村飯店、星加坡餐廳到丹麥餅店……可惜日月如梭，當年經常光顧的食肆有大部分已退下歷史舞台，但一段段尋常卻又開心的「搵食」故事，一眾女生至今仍津津樂道。

回饋母校　薪火相傳

　　不少何東校友，學成後會選擇重返何東，繼續為母校效力，讓何東精神得以薪火相傳。莫女士是資深「何東人」。她於 1953 年已在這所校舍上學，當她入讀何東女子小學一年級時，這校舍是小學與中學共用的，上午的小學生放學後便到了中學生上課的時段。一年後小學結束，她與大部分同學一同轉往北角官立（下午）小學升讀小二，直至小六會考派位時，她剛巧派回何東女子職業學校就讀。正是這份強烈的歸屬感，促使莫女士畢業後，擔任校友會幹事及顧問多年。廖鍾眉伍女士則在時任校長張謝琼賢女士的鼓勵下，回到母校任教陶藝科，更不斷進修；後來為了教好木工科，她甚至進修過電機工程。回顧與何東的緣份，廖太從中一開始讀至中六，師範畢業後再回母校任教 30 多年，直至榮休，前後在何東度過了 40 餘載。

　　至於何鳳蓮博士，畢業後於教育學院進修，數年後重回何東執教，

陶藝室昔日的面貌。
圖片來源：何東中學

一教就是十年。後來雖然因官校教師的工作調動，離開何東，但在何東的
美好時光早已永存心中。李佩儀女士則在莫柳眉師姐的支持下，加入母校
校友會，延續何東精神。陳念慈女士亦打趣道，中一開學報到首天，便因
年幼無知，違反校規，給體育科區老師罰站。不過，正是這份嚴謹的管教
方式影響了陳女士，令她從羅富國教育學院畢業後，毫不猶疑便回母校擔
任體育老師，繼續傳揚何東精神。

恩師啟發　獲益良多

　　徐尉玲博士談到 1950 年代的學生生活時，記憶猶新的，是教打字的
商科老師霍太。她身穿旗袍，走進課室時一臉嚴肅，不料課堂一開始，竟
然播放黑膠唱片；隨着「登登登櫈」的音樂響起，她要求學生每聽到一個
「登」的音樂節拍就打一隻字。霍太新奇的教學法讓徐博士大開眼界，年
紀輕輕便已從商科課堂中感受到種種商業意識，受益匪淺。

　　何博士補充說，霍太非常博學。原來她出身於廣州嶺南大學，是該
校的「金鎖匙」學生，因此無論教授打字或是中英翻譯均難不到她。徐博
士又記得第一次上木工課時，同學們一時頑皮嬉戲，玩弄鎚子和銼，遭木

1956 年的學生時裝展。
圖片來源：何東中學

工課的翁老師即時制止，並義正辭嚴地教導她們人生道理，讓同學明白，要先尊重資源和器具，才能成為好木匠。這正是現今所謂的「工匠精神」。

驀然回首，校友們都深深體會到，何東師長就是一盞盞明燈，為同學指引出漫長人生的正規之路。

造就自我成長

學校對學生的造就，校友們都心存感激。蘇女士回憶說，雖然何東不是她升中的首選，但在何東的求學歷程卻是人生中最快樂的時光，還結識了一生的摯友，她覺得何東有一種獨特品質，非常慶幸能在學校的課外活動中逐步塑造了自己的性格，尤其學懂與別人相處和掌握同理心，為日後在演藝界的發展鋪路。

徐博士談到何東原來的校名是「何東女子職業學校」，令母親和友人誤認為只有縫紉科目的工業學校。其實，學生升讀中三時，可以選修藝術、家政和商科三個課程。徐博士最後選擇了商科，更一路升學進修，拾級而上。廖太於 1957 年進入何東女子職業學校就讀中一，直至中五。本來當時學校還沒有中六課程，同學中五會考畢業後只能離校，但校長特地為她們這一屆開設中六班，協助多一些有潛質的學生，繼續升學，廖太和另外數名同學才得以順利完成中六，繼而考取英國 GCSE 文憑，進入更

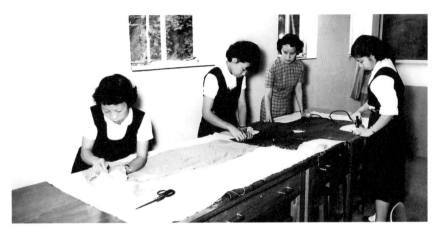

早年學生在針黹室學習縫紉技巧。
圖片來源：何東中學

高學府進修。廖太又憶述於 1972 至 1973 年，獲得當年的英聯邦獎學金，到英國修讀美術教育，專修陶藝科；這對她在何東 30 多年的陶藝教學，有着深刻的影響和質素的提升。

物換星移　唯有師生情不變

　　細水長流的師生情誼，更值得所有何東人好好珍惜。徐博士尤其懷念創校的張謝琮賢校長：校長學養俱佳，身體力行，關懷何東師生，成為大家至今景仰的楷模。廖太和李女士也不約而同地回溯，當年師生到郊外旅行的情景：老師剛買了新鮮蔬菜或甚麼的，學生總會開心又主動地幫忙攜帶，溫情洋溢。而陳女士在何東先後當過學生和老師，更是何東師生情的最佳見證。她曾教導江女士和蘇女士學習羽毛球和游泳，畢業後大家仍保持聯絡，亦師亦友之情維繫至今。鄭邵錦嫦校長上任初期與學生並未熟悉，竟在某天下班時得到一大群同學圍上來興奮地拍手，夾道歡迎，令她喜出望外，更暖在心頭，至今難忘。種種經歷、段段回憶，傳承了一代又一代何東人的真摯情誼。

　　今年正值何東 70 周年校慶，邵校長表示，學生們都滿腔熱誠地參與其中，一同發揮創意，每人各自做了一小塊布藝蛋糕，組成水晶蛋糕森林，寓意「十年樹木，百年樹人」，代表師生校友對母校的祈願與祝福。

東華三院李賜豪小學

東華三院李賜豪小學位於灣仔區的校舍於 1958 年啟用，當時的校名為「東華三院香港第三小學」（下稱「第三小學」）。學校前身為清末民初時期，由熱心教育的陸文灼先生於黃泥涌村（即現今跑馬地一帶）開設的私塾「蒙養學堂」。

1928 年，陸先生因年事已高，呈請政府接收學堂，以免該區學童失學。同年，東華醫院從政府接辦學堂，取名為「文武廟第十五義學」，並獲政府每年津貼港幣 800 元，學生則一律免費上學。惟因當時的校舍狹隘，學童人數卻日多，政府便撥出跑馬地景光街 14 號地段興建新校舍。1929 年，新校舍落成，可容納 120 名學生，並隨着學制改革，改名為「文武廟黃泥涌區免費初級小學」。東華醫院其後於灣仔區還陸續開辦「文武廟東區免費初級小學」、「東華醫院總理女義學」與「洪聖廟女義學」等學校。

擴建前的皇后大道東校舍。
圖片來源：東華三院李賜豪小學

二戰後，東華三院將各區的義學合併，同時不再用「文武廟」作為校名一部分，以反映辦學經費除了由文武廟支持外，也包括政府和三院總理的補助。1947 年，東華三院修葺景光街校舍，學校改稱為「東華三院黃泥涌第三免費小學」，又將位於灣仔駱克道的「文武廟東區免費初級小學」易名為「東華三院香港第四免費小學」（下稱「第四小學」）。翌年，兩所女義學分別與第三、第四小學合併，而第三、第四小學又於 1954 年改稱為「東華三院香港第三小學」和「東華三院香港第四小學」。

1956 年，東華三院獲政府贊助並撥地 17,000 方呎，於皇后大道東建立新校舍（即現校址），樓高四層，有課室 18 間，另有禮堂、球場、操場和圖書館等設備。1958 年新校舍正式啟用時，第三、第四小學合併到新校開課，分為上、下午校及夜校，學生逾 2,000 人，並沿用第三小學校名。

1971 年，東華三院顧問李賜豪先生為響應董事局擴展社會服務的目標，捐出港幣 25 萬元作建設費用，董事局於同年將第三小學命名為「東華三院李賜豪小學」以茲紀念。時至今天，學校秉承東華三院服務社會大眾的辦學精神和使命，已成為一所設備齊全的全日制小學。

〈東華三院顧問李賜豪捐建設費廿五萬元〉，《華僑日報》，1971 年 7 月 27 日。

（左起）李子建教授、張炳良教授、雷雄德博士

（左起）鄧穎瑜女士、余達智校長、雷鼎鳴教授、麥錦雄先生、周偉沛先生、李子建教授

受訪片段

受訪者	**周偉沛先生**，1964 年於東華三院香港第三小學（現東華三院李賜豪小學）畢業。曾在多家公司（屈臣氏、H. J. Heinz、Kraft General Foods）任職管理層，退休前為美國跨國企業博士倫亞太區副總裁。
	張炳良教授，1964 年於東華三院香港第三小學畢業。曾任香港特別行政區政府運輸及房屋局局長和香港教育學院院長（2008 至 2012 年，現香港教育大學），2018 年回校擔任研究講座教授，現轉任顧問。
	麥錦雄先生，1964 年於東華三院香港第三小學畢業。商人，從事金融、建築材料和環保等行業。
	雷鼎鳴教授，1964 年於東華三院香港第三小學畢業。現為香港科技大學經濟學系榮休教授。
	雷雄德博士，1965 至 1968 年於東華三院香港第三小學就讀小一至小三。現為香港教育大學健康與體育學系高級講師及副系主任。
	余達智先生，現任東華三院李賜豪小學校長。
訪問者	**李子建教授**

清貧家庭擇校之選

雷鼎鳴教授、周偉沛先生、麥錦雄先
生和張炳良教授為同屆同學，更曾同班。
周先生曾任班長；他印象中，大部分同學
住在灣仔，只有小部分住在較遠的跑馬地
和北角。由於學校所隸屬的東華三院為慈
善團體，免收學費，只收兩元堂費，便成
為當時不少清貧家庭擇校時的心儀之選。
張教授本來在一所環境簡陋的舊唐樓學校
就讀，後來插班到第三小學，他說：「我
入讀東華時覺得自己很幸福，剛建成的校舍有球場和幾層教室呢！」

東華三院香港第三小學畢業證書。
圖片來源：麥錦雄先生

學科方面，除了中文、英文、數學、健康教育、常識、社會、體育
和美術外，還有現在已絕跡的尺牘課。「像『父親大人膝下敬稟者』這種
書信格式，現在已很難再看到了，連大學生也未必懂得書寫。」雷教授說。

自創低成本遊戲　其樂無窮

談到小學時期的課餘活動，幾位校友立即滔滔不絕。他們記憶中，
1960 年代的學生已甚具創意，曉得自製低成本的小玩意，好像燈籠和公
仔紙，還有玩跳飛機、放紙鳶、踢塑膠球、放紙船，甚或跟老人家在公園
下棋；也有人會到皇后碼頭用鐵絲網捉泥鯭魚、在寶雲道抓金絲貓，而老
師也會指導學生拿些枯葉夾在書裏當書籤，一切自得其樂。雷雄德博士
說：「我們跪在地上打乒乓球，用粉筆畫界，再用一堆書作球網，更不需
要球證。球出界與否，大家心中有數。這是同學間的社會化過程。」

1978 年以前，香港還沒有九年免費教育，學位競爭非常激烈。雷博士
記得，在 1972 年就讀小學六年級的時候，有 80,000 人應考升中試，卻只

昔日學生於課室下棋。
圖片來源：東華三院李賜豪小學

梁勁謀老師（第二行左四）、崔國泰老師（第二行左三）、
周偉沛先生（第三行右六）、張炳良教授（第一行左四）、
麥錦雄先生（第四行右五）與雷鼎鳴教授（第三行右一）
的畢業合照。
圖片來源：麥錦雄先生

有 30,000 個中學學位。周先生和麥先生均表示，同期於 1960 年代在第三小學就讀的學生大部分來自基層家庭，實在沒能力負擔私立學校的高昂學費，因此，若升中試榜上無名，不能獲派進官立或津貼中學，他們大多會選擇當學徒，學習一技之長；而職業學校和工業學校也是其中一個熱門的升學選擇。那時不少職業學校和工業學校都很有名，例如：維多利亞工業學校、九龍工業學校和香港仔工業學校。由於升學機會得來不易，同學們都非常珍惜，對自己的升學前途也較為緊張。

歲月沖不去的師徒之情和同窗之誼

　　雷教授、張教授、麥先生和周先生小學畢業距今雖已數十載，仍保持定期聚會，最主要的原因是來自老師的凝聚力。一眾同學主要在農曆新年期間到梁勁謀老師、崔國泰老師和三年級班主任郭麗芳老師家中拜年；成年後也不時相約老師茶聚，此舉從未間斷。老師用心教導，深受學生愛

戴。張教授對崔老師的英文教學尤其欣賞。此外，大家也不約而同地懷念任教數學的梁勁謀老師，他視學生如子女一樣。余達智校長更提到，梁老師去世後，家人把他的遺產回饋東華三院。現今學校的圖書館正是以梁勁謀老師命名，以茲紀念。

歲月更迭　見證社區和時代變遷

　　早年的灣仔龍蛇混雜，區內曾有黑社會、吸毒者、紅燈區、麻將館和酒吧等。由於當時香港社會以基層和難民為主，居住環境惡劣，居民更不時面對颱風、水浸、瘟疫、火災、衛生和制水等問題。張教授說：「我們住唐樓最怕火災，其次是颱風、水浸等問題。此外，香港當時也有瘟疫，路邊常見一些燈柱掛上老鼠箱。」張教授還記得每年洗太平地，以及因制水而只有四天一次、每次四小時供水的苦況。至於「六七暴動」，更是許多人的共同回憶。雷博士提到：「小時候，爸媽都囑咐我們，在街上看到不明物體時，不要亂踢。」

　　然而，那個年代街坊鄰里的關係卻非常密切。大家守望相助，隨時互相幫助，開小食部的家長還會請小孩吃東西，社區生活簡樸而滿有人情味。「街坊都不會計較，好像當時不是家家有雪櫃；我們生日時想吃啫喱，就向汽水店老闆借用雪櫃，把啫喱放在那裏。」張教授說。

　　年月更替，不少灣仔地標，如英京酒家、龍門大酒樓、東方戲院和國泰戲院等已相繼消失。香港各區的社會形態也有很大轉變，從當初基層聚居之處到今天以中產家庭為主，東華三院李賜豪小學所在的灣仔已成為商業區，商舖和食肆林立。灣仔的演變，儼然香港整體發展的縮影。

2 東區

1903 年，電車路軌鋪設工程開始，初期由堅尼地城至銅鑼灣，後期延伸至筲箕灣。1904 年，電車通車，成為貫通港島東與西的重要交通工具。圖為於北角英皇道行駛的有軌電車。攝於 1979 年。
圖片來源：香港大學圖書館

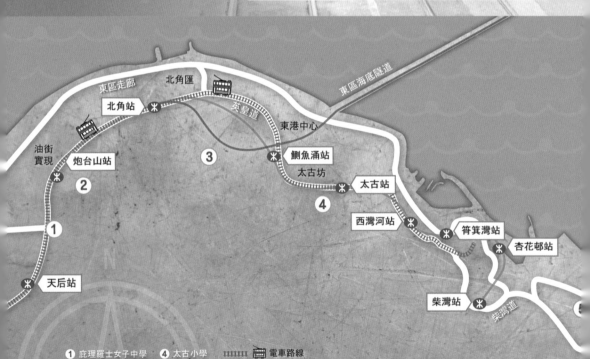

東區走廊　北角匯

北角站　英皇道

炮台山站

油街實現　天后站

東港中心

東區海底隧道

鰂魚涌站
太古坊
太古站

西灣河站　筲箕灣站

杏花邨站

柴灣站　柴灣道

小西灣屯

1 庇理羅士女子中學　　4 太古小學　　╟╢╢╢╢ 電車路線
2 金文泰中學　　　　　5 漢華中學　　──── ✳ 港島綫
3 培僑中學　　　　　　　　　　　　　──── ✳ 將軍澳綫

東區歷史與教育

　　東區位於香港島東北部，包括炮台山、北角、鰂魚涌、筲箕灣、柴灣和小西灣，人口超過 52 萬。關於東區最早的官方文獻紀錄，可追溯至十六世紀末，明朝萬曆年間郭棐所編的《粵大記》航海圖。圖中已標記有筲箕灣的地名，為當時港島七大聚落之一。香港島於英國管治初期，東區位處港府設置的「維多利亞城」之外，屬鄉郊地方，多個村落分佈其中。

　　太古洋行自十九世紀末起在鰂魚涌興建太古糖廠和太古船塢，為東區的發展奠定濃厚的工業特色。此外，英軍和童軍在柴灣建立了營地，而英美等五國亦在小西灣設立情報基地，也有不少上海人及福建人移居北角，落地扎根。二十世紀初，電車開通，成為貫通港島東與西的重要交通工具，部分港島人口逐漸遷入東區；不少華資工業家亦於區內設立廠房，

1963 年的柴灣徙置區。土地已經劃分，興建徙置大廈。圖右方為分層廠房，用以容納從寮屋區遷來的小型工廠。攝於 1963 年。
圖片來源：香港特別行政區政府

東區漸漸演變成港島的工業中心。戰後，港島人口急速增長，柴灣更被政府發展為徙置區。1980 年代開始，香港經濟轉型，區內廠房逐步為商住樓宇和大型屋苑取代。時至今日，便捷的交通及多個大型社區，已令東區成為人口密集的現代化社區，不同階層的市民均在此安居樂業。

　　東區最早的產業為開採石礦，因此人口皆集中於鰂魚涌（英文名 Quarry Bay，即石礦灣）、筲箕灣和亞公岩一帶的石礦場。1855 至 1856 年，兩所由政府資助的皇家書館先後在筲箕灣和柴灣建校。早年東區大多數為貧苦家庭，兒童從小就要工作，失學甚多。為了讓這些兒童獲得接受教育的機會，教會和民間組織在區內開辦識字班和義學，包括：1890 年，嘉諾撒仁愛女修會的修女在筲箕灣租用小屋，為貧家子弟開設識字班；1923 年，太古洋行為員工子弟設立太古義學；以及 1928 年，東華醫院於筲箕灣電車路尾設立義校。

上世紀初，出身福建的南洋糖業商人郭春秧在北角填海，並發展各類地產項目；北角「春秧街」的命名正由此而來。抗日戰爭爆發後，富裕的江浙滬人士相繼南遷香港，其中不少更選擇在北角春秧街一帶定居，該處因而有「小上海」之稱。為了延續他們原有的生活方式，各類娛樂場所紛紛在北角出現，包括圖中的月園遊戲園。攝於 1950 年代。
圖片來源：香港大學圖書館

「怪獸大廈」位於鰂魚涌，為五幢相連舊式商住大廈的暱稱。該建築群始建於上世紀六十年代，整體形成一個「E」字型；居住人口估計過萬，凸顯香港居住空間擁擠的特質。近年，該地成為遊客及年青人的「打卡」熱點。攝於 2016 年。
圖片來源：香港特別行政區政府

太古城的前身為 1907 年建成的太古船塢，由太古集團擁有。1973 年太古船塢與黃埔船塢合併，組成香港聯合船塢有限公司，1980 年聯合船塢於青衣正式啟用。太古船塢原址則從 1970 年代開始發展為住宅及商業區，成為今日的太古城。攝於 1959 年。
圖片來源：太古歷史檔案部

庇理羅士女子中學

　　庇理羅士女子中學（下稱「庇理羅士」）由香港政府於 1890 年創辦，為香港歷史最悠久的官立女校。早於 1862 年，港府已成立取錄男生的中央書院（現皇仁書院，參見本書第 68 頁）。1889 年，港府教育官員歐德理博士（Dr Ernst Johann Eitel）為爭取女性平等接受教育的機會，建議政府為各族裔女孩成立一所以英文授課的官立學校。

　　1890 年，國家中環女書院（Government Central School for Girls）於荷里活道 16 號正式啟校。1893 年，隨着學生人數不斷增加，學校獲猶太裔慈善家庇理羅士先生（Emanuel Raphael Belilios）捐贈 25,000 元，在荷里活道與歌賦街交界的中央書院原址上興建新校舍，因而易名為「庇理羅士女子中學」，以茲紀念。

學校最初位於荷里活道的校舍，可容納約 600 名學生。建築風格為英國文藝復興式。攝於 1890 年代。
圖片來源：庇理羅士女子中學

　　十九世紀末至二十世紀上半葉，學校面對各種機遇和挑戰，既要克服鼠疫、教職員變動、嘈雜的校外環境等困難，又積極增設圖書館、擴建校舍、調整課程、增辦學科並發展公益活動，推動校務發展等工作。1895年，學校增加了歌唱、樂器和體能訓練課程；1926年，引入急救、家庭護理及衛生課程。次年，庇理羅士舊生會成立。1941年，學生組織免費暑假學習班，為社區貧童教授英文。

　　二次大戰爆發，學校停辦，校內檔案、書籍及教學設備亦遭破壞。1945年，學校重開，惟原有校舍已嚴重損毀，只好開展長達20年的漂泊生涯，先後借用羅富國教育學院般含道校舍、育才官立小學（Sir Ellis Kadoorie Primary School for Girls）醫院道校舍，以及筲箕灣官立中學香島道（現柴灣道部分）校舍，直到1965年才搬入屬於自己的天后廟道校舍。屹立於斜坡上的校舍由「L」型課室及行政樓，與體育及禮堂樓構成。校內體藝設施完善，讓學生讀書之餘，可盡情發展音樂與體育方面的特長。

從1965年使用至今的天后廟道校舍。
圖片來源：香港教育大學香港教育博物館

（左起）李子建教授、方黃吉雯女士

（左起）盧敏儀女士、鄧穎瑜女士、鄭保瑛博士

（左起）林文德副校長、李子建教授、
郎朗齡女士、鄭保瑛博士

受訪者	**方黃吉雯女士**，1967 年於庇理羅士女子中學畢業。曾任香港市政局議員、區議會議員、立法局議員、港事顧問、行政會議成員及第十、十一、十二屆中國人民政治協商會議委員，2002 至 2007 年任職普華永道會計師事務所中國主席。
	盧敏儀女士，1977 年於庇理羅士女子中學畢業。前電視藝員、電影演員，現職大律師。
	郎朗齡女士，2006 年於庇理羅士女子中學畢業。香港著名女高音歌唱家，2019 年獲選為香港十大傑出青年之一。
	林文德先生，現任庇理羅士女子中學副校長。
訪問者	李子建教授 鄭保瑛博士、鄧穎瑜女士（盧敏儀女士訪問部分）

受訪片段

首屆理科班好特別

方黃吉雯女士於 1960 年入讀庇理羅士，經歷兩次遷校：中一至中五在醫院道校舍上學，其後在暫時遷往的筲箕灣官立中學校舍唸中六，最後在天后廟道的新校舍完成中七課程畢業。她家住灣仔，為了節省一角錢路費，要走大半小時的路到醫院道，再爬上百級石階回校。徒步上學看似艱難，但她表示，同學家境大多較為拮据，因此彼此均不覺辛苦。當時，每級有 120 名學生，學校會依考試成績排名，前 40 名進入 A 班，接着是 B 班和 C 班，如此類推。中四時又分文理班，A 班為理科班，而 B、C 則是文科班。方黃吉雯女士為庇理羅士首屆理科班學生，但校舍當時仍未有理科實驗室，因此她們每隔一個星期六就要到英皇書院的實驗室上課。

盧敏儀女士小學成績出色，1970 年代順利獲派庇理羅士。盧女士家住維港彼岸，過海上學路程遙遠，卻十分開心，因為不少同學和她一樣住在九龍。除了乘坐隧道巴士，大伙兒也會在觀塘或九龍城碼頭搭渡輪過海，再從北角碼頭走路回校，或是乘巴士後再走一段長長的天后廟道返校；偶爾又會湊錢坐的士，剩下的錢平分後再買零食。

鄺勵齡女士於 1999 年入學，小妮子對校園的第一印象，就是又長又斜的天后廟道，走上走下當然辛苦，但校園內的排球場、籃球場和音樂室，都讓她留下種種美好的回憶。

一切從扎實的基礎做起

作為香港第一所官立英文女子中學，庇理羅士的創辦宗旨非常重視英文教學。成立之初，學生來自五湖四海，有華人、印度人及其他非華裔女生。方黃吉雯女士在學時，老師大多來自英國。除中文科外，所有科目均以英語教學，學生休息和聊天時也須用英語交談，否則會被罰款；金額雖然不大，但同學們都盡量不會犯規。到了盧女士在學的 1970 年代，校

學校於 1972 年創辦弦樂團，翌年成立管弦樂團。攝於 1970 年代。
圖片來源：庇理羅士女子中學

園內仍規定要用英語溝通。

庇理羅士學生的英語水平一向非常突出。盧女士認為，全因學校的優良師資和扎實的英語教學。中一從英語拼讀開始學起，繼而是文法，再而是敘事，循序漸進。就連其他課堂和課外活動，也是從基礎知識開始，如：餐桌禮儀中餐具的擺放、縫紉課中紙樣的繪製，以及音樂課中對樂器和樂理的基本認識等，讓盧女士深深體會基本功的重要性。

鄺女士在校時已是合唱團成員；中四時因音樂老師出缺，同學們只好自行組織和維持合唱團的運作，反而因此打下良好根基。鄺女士畢業後，繼續在音樂路上發展自己的事業。鄺女士回想當年為「備戰」每年的校際音樂比賽，曾經五、六個星期不上課，一返到學校就直奔音樂室「集訓」。

林文德副校長補充道，現今家長十分重視女兒學業，再不能全天候式訓練，但學校仍會安排學生每日用兩三節課時間做賽前準備，也會在賽後幫她們補課。

代代相傳姐妹情　亦師亦友師生情

方黃吉雯女士從英國學成回港後，應當時已成為庇理羅士校長的同班同學邀請，參觀母校；之後合力創立「庇理羅士舊生基金會」，並籌募捐款，幫助母校在政府編制外再聘請一名外籍英語老師、一名音樂老師和一名資訊科技助理，更捐出獎學金。

學校於 1970 年代推出前幅有白色「Ｖ」字的直筒校裙，惟部分學
生仍偏愛原來綠色背心裙和白恤衫的組合，於是合照時新舊校服並
存。攝於 1970 年代。
圖片來源：庇理羅士女子中學

　　早年成立的「庇理羅士舊生會」（有別於庇理羅士舊生基金會）有數
千成員，主要組織舊生旅行和聚餐等社交活動。為了促進新舊溝通，學校
每年 6 月第一個週六，會開放給所有舊生和退休老師回校敘舊。

　　盧女士記得學校假期時，師生會相約一起旅行或騎腳踏車。畢業
後，同屆校友也保持聯絡，大約每五年便舉辦一次活動。回想從前，她說
師長除了傳道授業，亦十分關心和疼愛她們，教導她們做人道理。

慧心質樸「小白菜」

　　蘋果綠色的「六幅裙」校服，是庇理羅士學生的標誌。這款背心裙顏
色鮮明，綠色加白色的搭配就像一棵白菜，非常搶眼，因此庇理羅士學生
常給戲稱為「小白菜」。校服上半身正面為一幅布，後背為「Ｖ」字型的
寬吊帶，內搭白色短袖恤衫。雖然部分同學不喜歡這種剪裁和顏色，但由
於能入讀這所學校極不容易，因而能身穿這套全港獨一無二的校服，大家
均深感自豪。

　　百多年的歷史承傳，襯上如此吸引目光的綠色，正好象徵着庇理羅
士女生以青蔥活力，繼往開來。

金文泰中學

1920 年代，香港官立學校主要沿用英國制度，每星期只有數小時中文功課。為提高華人子弟的中文水準，本地紳商馮平山、曹善允、尹文楷和胡恆錦等，建議教育當局興辦一所特別中學，兼採中英學制，兩文並重。建議獲得支持，並經數月籌備後，官立漢文中學（Government Vernacular Middle School）終於 1926 年 3 月成立，由漢文視學官李景康先生兼任首位校長。

政府籌辦官立漢文中學期間，與孔聖會中學校董磋商，把該校全體學生轉移過來，成為官立漢文中學的首批學生；學校同時招收其他程度相若的學生，以補足班額。而圖書和教具等物資，亦由孔聖會中學贈送。

官立漢文中學成立初期，政府將其與官立男子漢文師範學堂（Vernacular Normal School for Men）合併辦理，全校因此分為師範、中學和高小三部；校址亦分設三處：師範部在醫院道榮華臺，中學部借用育才書社課室，而高小部則設於醫院道中華會館。1927 年，全校三部一起遷往薄扶林道西營盤英文小學舊校址。1941 年冬，香港淪陷，學校被迫停辦，薄扶林道校舍亦於此時盡遭拆毀，夷為平地。

1945 年，香港重光，小學部借用必列者士街青年會校舍先行復課，中學部則開始招收初中學生。1946 年，學校擴充為官立漢文高級中學（Government Vernacular Senior Middle School），並遷往灣仔活道工業學校校舍上課，同期恢復六三三學制，不再附設小學，又兼收女生，並借用堅尼地道 26 號內一課室開設高中一年級。

1948 年，全校遷入堅尼地道 26 號，與皇仁書院（參見本

書第 68 頁）共用同一校舍，分別於上、下午上課。除英文科外，其他科
目均以中文授課。1950 年，皇仁書院遷往新校址，官立漢文高級中學便
得以使用整個校舍。

　　1951 年，學校命名為「金文泰中學」（英文校名為 Clementi Middle
School，1988 年再改為 Clementi Secondary School）。金文泰爵士於 1925
至 1930 年出任香港總督，中文造詣精深，任內更積極提倡高等漢文教
育，故特以其名字命名，以茲紀念。

　　1961 年 9 月，金文泰中學位於北角炮台山道 30 號的校舍落成，沿用
至今。2003 年，校舍新翼大樓建成，學習環境更臻理想。

北角炮台山道 30 號的校舍於 1961 年 9 月落成，沿用至今。
圖片來源：金文泰中學

（左起）馮黎妙儀校長、楊興安博士、曾蔭培先生、
周侃若先生、梁永義先生、李子建教授

受訪者	周侃若先生，1956 年於金文泰中學畢業。曾任金文泰中學教師。 曾蔭培先生，1964 年於金文泰中學畢業。曾任香港特別行政區政府警務處處長，2003 年獲頒金紫荊星章。 楊興安博士，1964 年於金文泰中學畢業。曾任金庸先生秘書、長江實業集團中文秘書，現為香港小說學會榮譽會長，公餘著述多本作品。 梁永義先生，1968 年於金文泰中學畢業。歷任母校三屆校友會主席，2007 年獲行政長官社區服務獎，2018 年獲頒榮譽獎章，現任圓玄學院行政總監。 馮黎妙儀女士，現任金文泰中學校長。
訪問者	李子建教授

受訪片段

與金文泰中學結緣經過

　　周侃若先生小時候從內地來港，1951 年得到一位金文泰中學學長向校長推薦，入讀金文泰中學。當時周先生本應升讀初中三（中三），因學額已滿，加以英語水平不足，只好重讀初中二（中二），之後一直升讀至高中三（中六）畢業。周先生其後於葛量洪師範專科學校和香港中文大學進修，輾轉在不同學校任教，最後於 1972 年調回母校，直至 1995 年榮休。

　　曾蔭培先生與楊興安博士同於 1958 年通過小學會考入讀金文泰中

學，二人為同班同學，在堅尼地道舊校舍度過初中三年快樂時光，再在炮台山新校舍完成餘下高中三個學年。曾先生記得舊校舍較小，同學們須分上、下午班上課；惟校外有很多空曠地方，用來上體育課和音樂課。中學時他是學校羽毛球隊成員，對羽毛球的熱情至今未減。楊博士對舊校舍最深刻的記憶是他曾任學校乒乓球隊長，每到下課時，同學們一窩蜂衝出課室搶佔乒乓球桌的情景。

創校初期學校籃球隊合照。第二排左三為馮平山先生兒子馮秉芬爵士。攝於 1928 年。
圖片來源：金文泰中學

梁永義先生一家與金文泰中學淵源更為深厚。他的外祖父是當時官立男子漢文師範學堂第一屆畢業生廖海東先生，因成績優異，畢業後留校任教。雙親亦為漢文師範學堂畢業生，太太、姊姊與姊夫均為金文泰中學校友，而他亦於 1961 年新校舍剛落成時成為金文泰中學學生，當時部分校舍還借予同年成立的筲箕灣官立中學。難怪梁先生笑稱，每次全家聚首一堂就恍如校友聚會。

成語作文考功力　毛筆寫字見真章

回想在金文泰中學的求學經歷，大家一致認為母校嚴格的中文教育，為他們打下良好基礎，畢生受用。楊博士印象最深刻的是，老師有天出了一道作文題目，讓學生自擬主題，但要用 30 個成語寫成一篇文章；結果他以 32 個成語完成這份作業，那篇文章還保存至今呢！曾先生則記得，當年大家都追看《明報》連載的金庸武俠小說，但不是人人負擔得起每天買報紙的。同學便把當天報章上的連載文章剪存下來，供大家傳閱。

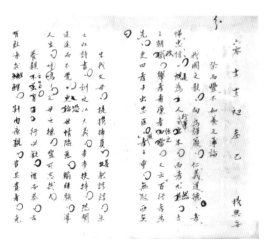

楊興安博士上學時，給老師批改過的功課。
圖片來源：金文泰中學

就是這種校園氛圍，為同學們打下中華文化和道德倫理的良好根基。

　　由於當年中學會考有不少文言文篇章，為了牢記課文，老師常要求同學背默；默書時還要用毛筆書寫，因要蘸墨，自然寫得較慢。周先生憶述，當年劉隨老師，曾為學校撰寫校歌歌詞，總愛用紅筆圈點學生的書法功課，逐字品評，有指正也有嘉許。因此，當周先生為人師表，也愛於書法課上用大毛筆蘸水，在黑板示範起筆回鋒。楊博士在學時也是書法比賽常客，年年獲獎，更曾勇奪小楷冠軍。

藍色校徽　中繪木鐸　寓意深長

　　馮黎妙儀校長認為，不論是資深校友還是現在的學生，對師長都謙遜有禮，體現金文泰中學尊師重道的優良傳統。在座一眾校友亦紛表認同，金文泰中學畢業生均秉承儒家傳統，規行矩步，真誠有禮，並常懷感恩之心。歷屆校友更樂意捐款及設立獎學金支持學校發展，例如捐贈禮堂冷氣、音響和三角鋼琴等設備，亦積極參與校友會事務，以及回校協助訓練校隊等。校友們平日待人接物的表現，亦盡顯金文泰中學畢業生和善盡

1949 年，學校校刊復刊。校刊正中為徐虹磯先生設計的校徽，徽形如盾，藍質白章，中繪木鐸，橫列為校訓「文行忠信」四字。
圖片來源：金文泰中學

「文行忠信」為金文泰中學校訓，取自孔子《論語》四教。1962 年，學校首設社際制度，即以文、行、忠、信命名四社。1970 年開始，各級班名亦由甲、乙、丙、丁改為文、行、忠、信。
圖片來源：金文泰中學

責的優點。

　　周先生就讀的 1950 年代，金文泰中學學生因為英文水平稍遜，畢業後出路比較狹窄，大多從事文員、郵差、教師或護士等工作。當時香港中文大學尚未成立，全港只有香港大學。教育署考慮到金文泰中學畢業生的升學前途，特別開設兩年制的英文特別班，讓他們修畢後投考港大，有機會繼續深造。曾先生畢業時，情況已大為不同，不少同學已能進入香港、台灣及外國的大學進修。他認為，金文泰中學有一種持續學習的風氣，令他養成終身學習的習慣，並促使他在職業生涯中永不氣餒，勇於面對新環境，接受新挑戰。

　　不說不知，金文泰中學校歌的歌詞部分出自《論語》及《詩經》，而校徽更意味深長。黎校長表示，校徽選用藍色，寓意「青出於藍」；校徽上的木鐸可以敲響，代表曉諭學子警醒與警惕。

　　承傳中華文化，培育社會未來棟樑，在近一百年的歲月裡，金文泰中學為香港中文教育的發展，留下了亮麗一筆。

漢華中學

第二次世界大戰之後，一批內地知識分子懷着愛國熱忱，來到香港。他們本着為祖國培育人才、為同胞服務的宗旨，因應當時的香港社會環境，於 1945 年底在港島西環太白台創辦漢華中學（下稱「漢華」）；其後於 1946 年在石塘咀山道租了三層樓，開辦小學及中學。到了 1949 年，學生人數已增至 700 多人，全校共有 18 班，成為一所完全的中小學。辦學初期，雖然校舍簡陋，設備不全，工資微薄，但老師仍能善用自編教材，與學生互教共學，課堂內外相互配合，教學相長。

說起來，學校成立初期經歷了不少波折。1950 年，教育當局以該校校舍「防火設備不足」為由，發出通知，於一個月內取消漢華的註冊。在師生堅決反對聲中和護校運動下，政府最終在校方改善設施後，收回成命。1963 年，漢華校舍又受到地下商店一場火災波及，課室設備嚴重損毀；火災後，更被業主逼遷。學校於是下定決心，籌款自建校舍，獲得家長及社會人士慷慨解囊，而一眾師生亦自願到工地參與建校的義務勞動。

1965 年，青蓮台校舍建成，學校進入發展新階段：學生人數增至 1,600 人，全校共有 36 班。1960 年代末至 1980 年代，為了服務更多學生，尤其漁農子弟，學校於西環增設漢華校友會學校，並在元朗和香港仔成立分校。到了 1970 年代中期，全校學生已多達 5,000 多人。

1991 年，漢華成功申請成為首批直資學校之一，學校資源得到大幅改善，而入學試報名人數也日增。2006 年，漢華位於小西灣的新校舍正式啟用。學校實行「一校兩園」制：小

西灣校園復辦小學，開設小一、中一、中四至中七，而青蓮台校園則開設中二和中三。2007 年 9 月，青蓮台校園停用。2011 年 9 月，小西灣校園成為「一條龍」中小學。

石塘咀山道校舍。學校租用了山道 12 號三樓、四樓和五樓。
圖片來源：漢華中學

（左起）翁金驊先生、貝鈞奇先生、李雁怡女士、關穎斌校長、李子建教授

受訪者	**貝鈞奇先生**，1967 年於漢華中學畢業。現任亞聯工程有限公司董事長、香港足球總會主席、香港中華出入口商會會長、漢華教育機構信託人、漢華中學校友會會長、中國香港健美總會會長、中國香港柔道總會會長，以及香港體育記者協會副會長，並先後獲頒授銀紫荊星章、銅紫荊星章及榮譽勳章。
	李雁怡女士，1968 年於漢華中學畢業。現為漢華教育機構信託人兼行政總監。
	翁金驊先生，1989 年於漢華中學畢業。香港籃球代表隊前隊員、亞洲籃球三分神射手，以及 1997 年全運會與 2009 年東亞運動會火炬手。
	關穎斌先生，1987 年於漢華中學畢業。現任漢華中學校長。
訪問者	**李子建教授**

受訪片段

漢華人的愛國情懷

　　漢華自創校初期，就已確立愛國及德智體全面發展的教育方向。談及漢華人的共同特質，關穎斌校長、貝鈞奇先生與李雁怡女士都不約而同地強調，漢華人的務實樸素、多才多藝，並深具關心國家、服務社會的奉獻精神。1949 年中華人民共和國成立後，香港雖然仍受英國管治，但漢華已在校內升國旗、奏國歌；每逢國慶，更會舉辦升旗禮。學生在愛國教育薰染下，尊重國旗，心繫國家。李女士提及，當時校內老師大多是經歷

漢華教師、職工及學生數百人一起投入為時三
天的遷校義務勞動中。攝於 1965 年。
圖片來源：漢華中學

漢華師生於青蓮台校舍的第一個升旗禮。
圖片來源：漢華中學

過戰爭的大學畢業生，他們秉持着愛國主義精神和教育理想，領取遠比官
津校同工微薄的薪金，堅守在漢華的崗位上，直到退休。老師們的言傳身
教，着實深深影響了當時的漢華學生。

體藝並重　人才輩出

　　自 1950 年代開始，學校已為學生搭建課外活動的平台，組織各類體
育與藝術活動。五十年代，學校已培養出兩名國家級運動員，參加全運
會。李女士就讀時參加的手風琴隊，在校際音樂比賽中亦屢獲獎項。問及
漢華最具特色的體藝強項時，關校長不假思索地答道：「籃球。」翁金驊
先生還記得，當年的籃球場，就是用鐵絲網圍住的學校天台。由於校舍建
築所限，籃球場的形狀並不完整；儘管環境毫不理想，漢華仍能訓練出非
常優秀的運動員。

　　學校在藝術和戲劇方面的傳統，也為香港的影視行業培養出不少專
業人才，就如無綫電視的美術主任陳焜旺、監製潘嘉德、舞蹈主任石成初

漢華獲得校際舞蹈比賽中學組東方舞冠軍，參賽節目為中國民間
舞蹈《採茶撲蝶》。攝於 1966 年。
圖片來源：漢華中學

和編劇梁劍豪等。近年，漢華學生在東區各項視覺藝術比賽及展覽中，也
有優異成績。

照顧學生　無微不至

　　李女士記得，在她就讀的青蓮台校舍設有飯堂和可以明火煮食的廚
房。除了回家吃飯或自己帶飯，許多同學選擇在學校飯堂用膳。當時飯堂
提供的午餐分為甲、乙兩類，供學生選擇，豐儉由人，而每餐費用僅是幾
角。就是在翁先生就學時期，午餐也只需五元五角。廚房的工友亦十分體
貼，會為正值發育時間的學生盡量多添餸菜，餸菜不夠時也有腐乳拌飯。
學校飯堂外，翁先生和關校長同樣忘不了附近山市街攤檔價廉物美、滋味
無窮的車仔麵。

　　學校曾為雙職家庭的學生開設託管班，聘有專人煮食、照顧上畢半
日課的學生，待他們父母下班後才接回家。此外，為免來自大嶼山、元朗
和長洲的漁農子弟往返學校長途跋涉，學校在青蓮台時期曾闢出一層樓給
他們作宿舍，並聘請舍監照顧宿生，而校方只收取低廉的住宿費。

校園之外　拓展眼界

　　貝先生和李女士就讀時，學校每年每班都會組織一次全級旅行。小學的班級多以沙田紅梅谷、城門水塘和香港仔水塘等本地景點為目的地。貝先生小學畢業時，更有機會去廣州花都花園，而李女士那屆畢業班則去深圳水庫遊玩。當年學校已安排中學生到內地較遠的城市旅行，例如：江門新會和湖南韶山等，更有學生會幹事前往北京。翁先生也藉着籃球比賽的機會，從 15 歲開始就已邁出國門，到菲律賓和日本參加比賽。

　　關校長強調，早於 1980 年代，漢華就已實踐課堂外的情景教學，通過體育營、地理營和生物營等學科夏令營的形式，帶領學生做實地考察。自 1995 年開始，內地實地考察成為高中預科班的必修課程。新冠疫情前，該校每年都會組織學生往內地進行學科考察，至今已去過廣東、山東、寧夏和陝西等省份。此外，學校又發展服務學習，帶領學生幫助山區小朋友學習英文。關校長指出，藉着親身體驗，同學們獲得現場觀察、親手接觸和擴闊視野的難得機會，並因而培養出心繫家國的情懷。

自 1998 年起，漢華將每年學生內地學科綜合考察的體會及成果彙集成書，送予全港學校分享。
圖片來源：漢華中學

培僑中學

二次世界大戰結束後，香港百廢待興，一批愛國人士於 1946 年創辦培僑中學（下稱「培僑」）。學校最初主要招收東南亞的華僑子弟，期望通過教育讓他們了解中國國情和發展前景，從而成為新中國建設的支持力量，故定名為「培僑中學」。1949 年以後，學生雖漸以本地生和僑鄉學生為主，惟「培僑」之名仍沿用不替。

1949 年 10 月 1 日，新中國成立。1949 年 10 月 8 日，學校師生在校園升起中華人民共和國五星紅旗。培僑是香港第一批升國旗的學校。
圖片來源：培僑中學

學校創立時，租用位於跑馬地樂活道名為「朗園」的別墅為校舍，設有高中、初中和小學，共 11 個班級。1955 年，學校自行加建幾個新課室，全校擴至 23 班。

學校十分重視教學的改革創新與學生的全面發展。學生積極參與各項體育活動，並在學界取得優異成績。1967 年，培僑銅鑼灣分校新校舍落成，小學部遷至該處；1969 年，開辦上水分教處。

1979 年，朗園業主把物業售予發展商，培僑需另覓新址辦校。在社會各方大力支持下，培僑投得北角寶馬山一幅學校用地，興建新校舍，1983 年 2 月落成啟用。新校舍配備泳

池、室內運動場、飯堂和學生宿舍，為學生的學習和活動提供了優越的條件。

　　1980 年代，隨着香港回歸祖國前景明朗，且學校的辦學成績獲得社會肯定，培僑於 1991 年 9 月成為第一批「直接資助學校」之一，開始獲得公帑資助，結束了創辦 40 多年來飽受排擠打壓的不公平日子。

　　回歸後，培僑的發展進入了新階段。2000 年，培僑小學在小西灣開辦；2005 年，中小學一條龍的培僑書院在大圍創立；2020 年 9 月，培僑國際幼稚園暨幼兒園於沙田興辦。至此，培僑教育機構建立起中、小、幼 15 年普及教育的完整體系。2021 年 9 月，深圳香港培僑書院龍華信義學校開學，開啟了為大灣區內地城市的港人子弟提供教育服務的新篇章。

低年級同學在上水石湖墟球場排練節目。
圖片來源：培僑中學

（左起）楊永杰先生、盧碧瑜女士、羅耀威先生、
伍煥杰校長、鄭保瑛博士、鄧穎瑜女士

受訪者	**羅耀威先生**，1967 年於培僑中學畢業。曾任香港舞蹈協會主席、培僑中學教師。 **盧碧瑜博士**，1987 年於培僑中學畢業。現任盧碧瑜鋼琴藝術中心校長、資深鋼琴教育工作者，曾任培僑中學教師。 **楊永杰先生**，2003 年於培僑中學畢業。現任立法會議員。 **伍煥杰先生**，1998 年於培僑中學畢業。現任培僑中學校長。
訪問者	**鄭保瑛博士、鄧穎瑜女士**

受訪片段

同學背景相似　倍感親切

　　楊永杰先生和伍煥杰校長均在內地成長，中學時才移居香港，並在機緣巧合下入讀培僑。楊先生 1996 年由內地來港，當時他已唸至中一，來港後申請入讀本地學校，但無論中學或小學都處處碰壁。最後，教育署建議他嘗試報讀培僑。雖然英文科成績稍遜，他還是順利入讀普通班；經過一年努力學習，終於成功升上精英班，並擔任了六年的班長。他記得，當年大部分同學跟他一樣，從內地移居香港，因而倍感親切，當然更不會互相歧視。

　　伍校長是培僑首位出任母校校長的校友。1993 年，他與母親一起由

學校派出工作組在古洞聯生農場為學生拍照、理髮，並即場辦理報名手續及考試。
圖片來源：培僑中學

福建來港，與父親團聚。當時他已 15 歲，剛唸完中三，抵港後最初跟隨父親在鰂魚涌一所印刷廠工作；在權衡之後，他還是選擇繼續求學。當年他與父親亦是聽從教育署建議，由寶馬山山頂的樹仁學院（現香港樹仁大學）一路往山下走，詢問沿途的中學可否讓他插班。寶馬山有十多所學校，但父子倆到了寶馬山花園迴旋處，看見「培僑中學」指示牌，便入內報名，竟獲安排面試，最後他更有幸獲取錄。伍校長至今仍心存感激，因為若非如此，他 15 歲便要投入職場，一生際遇就從此改寫。

　　羅耀威先生與盧碧瑜女士的父母，因為認同培僑的愛國理念而安排子女入讀。羅先生的父親於 1930 年代到港，不滿舊時政府的懦弱無能，愛國思想強烈。他偶然看到培僑校門口的對聯：「培才思報國，僑教在精誠」，便樂意送兒子入讀。盧女士的父親於 1948 年來港；他畢業於廣西藝術學院，成長於抗日戰爭的背景下，有濃烈的家國情懷，因而在培僑執教，更將子女送到培僑上學。盧女士入讀時，不少同學的父母是新華社、大公報和文匯報等機構的員工，有相近的愛國背景。

中樂表演。
圖片來源：培僑中學

終身事業　啟蒙於多元課外活動

　　是次受訪的數名校友雖屬不同年代的培僑畢業生，卻不約而同地提及，母校多姿多彩的課外活動，如何對他們的成長產生深遠影響。羅先生記得小時候，母校每年會在排球場舉行文藝匯演；雖然只是由竹棚搭建的簡單舞台，但濃厚的藝術氛圍令他念念不忘。他還提到，當時的體育老師也兼任舞蹈老師；為了慶祝中國運動員（莊則棟）首次獲得乒乓球世界冠軍，他特地要求學生先學習乒乓球，再編排一支乒乓球舞，當中就融入了莊則棟著名的扣殺動作。培僑校園的藝術熏陶，正啟發了他一生對舞蹈藝術的追求。

　　盧女士也將自己能同時兼顧學業、家庭和事業，歸功於培僑老師的關懷和指導。當年，她積極參與各項的課外活動，包括：舞蹈、種植、乒乓球、話劇、朗誦和播音等。老師對參與活動的學生有嚴格要求，而同學亦毫不畏難地用心、投入，例如：在炎熱天氣下種植蔬果、不斷重複練習乒乓球動作、親手製作舞蹈服裝和道具等。這一切都是她成長過程中的寶

辦校初期，學校已舉辦懇親會，加強家長與學校聯繫。
圖片來源：培僑中學

值周班勞動。
圖片來源：培僑中學

貴經歷，不僅拓寬了眼界，也培養出對藝術和學術的毅力與追求。

　　培僑不僅在藝術文化領域為學生提供課外活動，還有意提升同學的公民意識和服務社會的精神。楊先生指出，與其他學校不同，培僑學生一向積極參與政治活動和社會服務，也會在愛國事件上表態。楊先生在學時已有機會回內地交流，更可以參與地區選舉，替候選人助選。正因如此，培僑先後培育出大批社會領袖，在不同崗位上服務市民。

　　伍校長也認為，求學時期的課外活動能夠鍛煉學生的領導才能，例如：由同學擔任大合唱指揮或是每班的班長等。他擔任校長後，更重新設計學生會的選舉流程，仿效正式議會選舉，安排同學走進禮堂內的投票站投票，並鼓勵候選內閣積極拉票，從而加深同學對民主選舉的認識。

家訪 ── 家校合作緊密的祕訣

　　培僑早於 1958 年已成立家長教師聯誼會。學校十分重視家長與學校

之間的關係，通過班主任家訪的方式，強化家校合作。以前培僑學生多來自福建家庭，家長不懂廣東話，而不少老師也不懂福建話，便請班中一名福建籍同學陪同家訪，充當翻譯，協助老師與家長溝通，讓家長了解子女在校的學習情況。學校更於 2021 年成立舊生家長聯會，保持與舊生家長的聯繫。

羅先生憶述當年在培僑任教時，學校規定，班主任每年要為每名學生作兩次家訪。雖然指標不易達成，羅先生仍堅持，每年至少到訪每名學生家中一次。學生的家庭背景各有不同，有住在木屋區或徙置區的，也有家長是知識分子或在中資機構工作的，當中以福建籍家庭格外熱情。他記得某次家訪，碰到那家人辦喜事，還邀請他一同喝喜酒呢！

培僑的寄宿傳統亦拉近了師生距離。朗園校舍時期，不少老師住在學校宿舍。一到晚上，宿生便與老師一起在庭院探討學習問題。現在寶馬山校舍的宿舍大樓住有 100 多名學生，學校還特地聘請了四位舍監，照顧宿生。舍監就如宿生的父母，與他們一起生活，監督他們的學業，也安排他們參與簡單的日常勞動，例如：疊衣服和清潔廁所等，讓同學親身體驗勞動，從而尊重所有勞動者和他們的工作。

太古小學

2023 年，歷史悠久的太古小學剛好踏入一百周年。一個世紀以來，因應時代發展和需要，太古小學曾數次搬遷校舍，包括：戰後初期位於太古村的校舍、基利路校舍，以及今天康山英皇道的千禧校舍。太古小學的源起，可以追溯至 1923 年 2 月。當時，太古船塢及機器有限公司在船塢的辦公大樓內，創辦太古義學，為太古船塢及太古煉糖廠的員工子弟提供免費教育，不僅不收取學費，還豁免課本及文具等書簿費。該校開辦時只有三名老師，為 170 名年齡不超過 14 歲，分屬四班的學生，教授閱讀、寫作、算術、地理和繪畫等科目；1924 年起，更將教室借予太古夜校，為 14 歲後輟學的青年人提供學徒訓練。

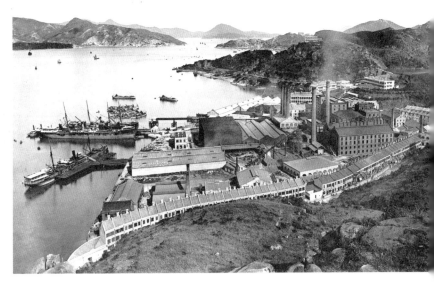

十九世紀末的太古煉糖廠。攝於 1895 年。
圖片來源：太古歷史檔案部

　　1941 年 12 月，太古義學與太古煉糖廠於 1939 年開設的「糖房義學」合併，義學因而擴充至六個課室，有 200 名學生。可惜，不久之後香港淪陷，學校關閉，校舍被破壞。二次大戰結束後，太古船塢於 1946 年決定將義學從臨時校舍遷至翻修後的糖房義學舊址，在一座位於鰂魚涌太古村的紅磚建築內復課。

　　1947 年，該校開始每年接受政府津貼，成為一所全日制津貼小學，易名為「太古漢文學校」，並開放給非太古員工子弟就讀。1956 年，為了接納更多太古船塢員工子女入學，該校申請分為上、下午校，學額增至 1,420 個。1966 年，因學生人數接近飽和，在政府與太古共同出資下，太古漢文學校首座正式校舍於基利路落成。

　　雖然當時學校名稱有「漢文」二字，但課程設計同樣重視英文科。為了消除個別家長選校時的疑慮，該校於 1977 年易名為「太古小學」。1990 年代末，根據政府新政策，學校需轉為全日制，同時配合太古谷市區重建計劃，2002 年再遷校至今天位於英皇道 1100 號的校舍。

太古「糖房義學」學生在鰂魚涌太古村的紅磚校舍旁。攝於 1940 年。
圖片來源：太古歷史檔案部

（左起）鄧穎瑜女士、甄洵芝先生、黃文龍副校長、李子建教授

受訪者	**甄洵芝先生**，1969 年於太古漢文學校（現太古小學）畢業。現任陳黃林律師行經理，曾任太古小學校董及家教會主席。 **黃文龍先生**，1990 年於太古小學畢業。現任太古小學副校長。
訪問者	**李子建教授**

受訪片段

與太古小學結緣

　　由於父親為太古船塢員工，甄洵芝先生於 1960 年代入讀太古漢文學校。不過，按照當時校方規定，每名員工的家庭只能享有一個免費學額；幸好得到父親同事慷慨讓出學額，甄家六兄弟才得以全部免費入讀該校。甄先生成家立室後，也將女兒送入太古小學就讀，而他亦由昔日的學生變為家長，更曾擔任母校校董和家長教師會主席。

　　黃文龍先生雖然並非太古員工子弟，只因小時候住在鰂魚涌英皇道惠安苑，能按就近入讀原則獲太古小學取錄。當時學校分為上、下午校，黃先生是 1990 年下午校畢業生。在學期間，他深受老師的關愛與教導啟發，立志當一位有愛心的好老師。2000 年，他在香港教育學院（現香港

「糖房義學」校舍，戰後亦為太古漢文學校校舍，位於太古村內，即今日康蕙花園的位置。
圖片來源：太古歷史檔案部

教育大學）畢業後，成功申請回母校任教。當年的恩師從此成為他的同事和上司，並在他的教學生涯中給予很多鼓勵。半個甲子的光陰轉瞬即逝，黃先生已從一名太古小學學生，搖身一變成為母校的副校長。

開心排隊上學　最怕藤條伺候

在甄先生就讀的年代，學校對校服並沒有嚴格規定；學生都是穿白色上衣和藍色褲，到學校買一個校章縫上去就可以了。由於同學們大多是太古職工子弟，住在員工宿舍，每天總會一起上課下課。「我們在第三街舊街舊宿舍的位置先集合排隊，老師在龍頭，校工在龍尾，帶我們上學。放學時也非常開心，一起回家」。上世紀 60 年代，從宿舍到學校這段路程比較曲折，要在柏架山繞一圈，或由鰂魚涌轉入學校，往往需時 20 至 30分鐘。

當年的物質生活雖然不及今天，但小孩子的活動同樣多姿多彩，好像一起上柏架山捉金虎（一種昆蟲），還可以摘崗稔（又叫山稔，一種野生漿果）當零食。同學們性格活潑好動，但還是會懼怕訓導主任的管教。「大家都說『張果老』有一根浸過藥水的藤條，用來處罰犯錯的同學」。

太古漢文學校位於基利路的校舍。攝於 1966 年。
圖片來源：太古歷史檔案部

甄先生口中的「張果老」正是學校嚴厲的訓導主任。那時的學生和現在的一樣頑皮，喜歡給師長亂起綽號。另一位漂亮又愛穿小鳳仙裝的英文老師，就獲得八仙中另一成員「何仙姑」的稱號。

參觀可樂廠　兩代人的共同回憶

黃先生於 1980 年代就讀太古小學，清楚記得那時還未禁止體罰。校長每週早會時，會在台上拿着一把厚厚的木間尺，對犯錯的同學稍作懲罰。不過，黃先生印象最深刻的，卻是太古小學早年在活動教學方面的推動和實踐。「當年的課堂並不只是傳統的 chalk and talk 式單向教學，老師已開始應用活動教學法，通過分組和遊戲等方式，為課堂帶來許多樂趣」。

在太古小學的學生生涯中，黃先生津津樂道的，還有小食部的美食。除了至今仍深受小朋友歡迎的維他奶、魚蛋和可樂汽水外，黃先生補充說：「那時小食部還有眼鏡糖，以及好像鵝蛋的白色糖果；可惜，現在都絕跡了。」至於參觀太古集團旗下的可口可樂廠，更是甄先生和黃先生

兩輩同學的共同回憶，因為可樂
生產線不單令小學生大開眼界，
大伙兒還有一支免費汽水和不少
紀念品，包括可口可樂大力推廣
的搖搖呢！

運動菁英的搖籃

　　談到太古小學，不得不提
太古集團完善的員工康樂設施。
甄先生的小學年代，物質相對匱
乏；但太古小學的小學生不僅可
以在課餘使用太古船塢華人福利
中心的籃球場、足球場和乒乓球
室等運動場地，還可以觀看在福

學校曾於每年運動會舉辦踩高蹺比賽。
圖片來源：太古歷史檔案部，太古小學授權

利中心舉辦的各項體育比賽。甄先生至今仍記得觀看過前香港游泳隊代表
王敏超在太古泳池的比賽、香港出身的乒乓球世界冠軍容國團在太古乒乓
球室練球，也見證過太古足球場培養出來的多位著名球員，如：黃達才、
程永健和梁金發等。甄先生表示：「目睹出色運動員的訓練和比賽，我們
備受啟發，自然而然地培養出對體育鍛煉的興趣。」

　　太古小學在運動方面的優良傳統承傳至今，目前以乒乓球和足毽為
其強項。學校聘請了一名香港乒乓球代表隊隊員和一名足毽隊員為體育老
師，所栽培的學生在比賽中屢獲殊榮。此外，現在的千禧校舍也設有標準
排舞室，為舞蹈、啦啦隊和話劇等活動提供理想的排練場地，增加學生外
出比賽獲勝的機會。

　　十年樹木，百年樹人，一個世紀的悠悠歲月，為太古小學奠定了傳
道授業的穩固根基，也成就了國家與香港無數的明日棟樑。

3 南區

漁船停泊在分隔香港仔與鴨脷洲的海港。照片左方為香港仔，右方為鴨脷洲。左下方可見香港仔船塢，原址於 1970 年代改建為香港仔中心。攝於 1930 年代。
圖片來源：香港大學圖書館

雞籠灣

石排灣邨

黃竹坑道

③

❊ 海洋公園站

黃竹坑站

海怡半島站 ❊

❊ 利東站

②

鴨脷洲

香港海洋公園

淺水灣

大潭道

赤柱廣場

④

⑤

N

① 嘉諾撒聖心書院　　④ 香港航海學校
② 鴨脷洲街坊學校　　⑤ 聖士提反書院
③ 香港仔工業學校　　❊ 南港島綫

南區歷史與教育

　　香港島四個分區之中，南區面積最大 —— 東起大浪灣，西至薄扶林，包括：石澳、大潭、赤柱、舂坎角、淺水灣、黃竹坑、香港仔和鴨脷洲等，幾佔港島一半。根據 2021 年人口普查，南區居住人口雖然超過 26 萬，卻是港島人口密度最低的分區。

　　位於大浪灣和黃竹坑的史前石刻，相信為古時水上人祈福之用，是印證人類文明早已立足南區的重要文物；而南區早期主要的經濟產業，正是漁業和工業。昔日南區海域漁獲豐富，加上漁船可以安全駛至避風，發展相當蓬勃；部分居民亦以漁業相關的手工業維生，如：醃製鹹魚和蝦膏等海產食品，以及織造漁具盛器等。南區工業早年以造船修船業為主，香港仔船塢（現香港仔中心）更為本港四大船塢之一。隨着香港製造業迅速發展，南區工業重心亦由船塢業轉為製造業。1960 年代，政府將黃竹坑規劃為工業區；曾有 40 多幢工業大廈，以及各式各樣的工廠，遍佈區內，包括：食品加工、煙草、紙品印刷和電子零件等。

　　1960 年代開始，政府陸續在南區建成漁光村、石排灣邨和華富邨等多個公共屋邨，安置艇戶和寮屋居民，讓漁民陸續脫離浮家泛宅的生活。鴨脷洲昔日人口集中在鴨脷洲大街，島上沒有汽車行駛。不過，隨着多項填海工程完成，交通設施陸續投入使用。連接鴨脷洲與香港仔的鴨脷洲大橋於 1980 年落成啟用，配合隨後開通的香港仔隧道，鴨脷洲與港島各區有了便捷的交通連接，成為現時全世界人口密度最高的小島之一，可見南區的發展已愈趨城市化。

　　南區的教育發展也同樣反映了該區的社區變遷。1848 年，港府向位於維多利亞城、香港仔和赤柱三所中式學塾，分別提供每月十元的津貼，讓當區居民子弟免費入學，為政府首次批出的教育經費。1897 年，嘉諾撒仁愛女修會在香港仔開辦嘉諾撒培德學校的前身。學校於二戰後重建，曾兼收男女漁民子弟，至 1950 年代改為津貼女子小學，2022 年起再次轉

昔日赤柱舊照。
圖片來源：香港特別行政區政府

漁民非常重視端午節，龍舟競渡更是香港仔一年一度盛事。香
港仔據說是全港首個舉辦龍舟競渡的地區。攝於 1910 年代。
圖片來源：政府檔案處歷史檔案館

型為男女校。修會其後於 1970 年代設立嘉諾撒培德書院，為該區女生提供中學課程。

　　此外，為了讓南區眾多漁民子弟有接受基礎教育的機會，魚類統營處及其他熱心機構，自 1950 年代始紛紛辦學，成立魚類統營處香港仔工業中學、魚類統營處鴨脷洲小學、海面傳道會漁民學校和鴨脷洲街坊學校等。可惜，這類學校大多隨着南區漁業式微而陸續停辦；只有小部分現時仍在辦學，惟生源已不盡相同。

位在香港仔避風塘內的海角皇宮、珍寶海鮮舫和太白海鮮舫曾是中外遊客必到之景點。這種水上餐廳源自 1920 至 1930 年代香港仔水上人辦嫁娶喜宴的「歌堂船」。戰後，歌堂船逐漸發展成為海鮮舫。食客可以一面品嚐海鮮，一面欣賞燈火輝煌的夜景。攝於 1978 年。
圖片來源：香港大學圖書館

黃竹坑士丹頓灣（又稱涌尾）佈滿漁船和水上寮屋。左方可見黃竹坑道的本地工廠，包括：以椰子糖聞名的甄沾記工廠，以及出產維他奶的香港荳品公司廠房。1960 年代，政府填平河道，漁戶獲遷徙至附近新落成的屋邨，而黃竹坑亦被規劃為工業區。攝於 1963 年。

圖片來源：香港特別行政區政府

嘉諾撒聖心書院

　　嘉諾撒聖心書院，由源自意大利的嘉諾撒仁愛女修會於1860年創立。十九世紀時，香港婦女普遍缺乏教育機會，棄嬰問題非常嚴重，市面上更出現販賣「妹仔」的情況。有見及此，香港天主教宗座監牧盎神父（Rev Luigi Ambrosi）於1859年邀請遠在意大利的嘉諾撒仁愛女修會派員來港，協助教育香港的女童。翌年，六名修女從意大利抵港，旋即展開教育慈善工作。

　　修女們得到香港總督寶靈爵士的女兒寶靈修女協助，抵港短短十數日，便開辦了英文和葡文學校；其後，修會再開辦「培貞中文學校」。1890年，英文和葡文學校合併為「意大利修院學校」，而培貞中文學校亦於二戰後併入。意大利修院學校教授女童地理、歷史、英語、文學、算術、縫紉及針黹等學

位於堅道的舊校舍。
圖片來源：嘉諾撒聖心書院

術和實用知識，為她們提供完善教育。

　　隨着學生人數大幅增加至 900 人，學校設施不敷應用。1910 年，修院於學校 50 周年期間修築新校舍。1937 年，意大利修院學校以傳統「耶穌聖心敬禮」為理念，更名為「聖心學校」，並訂立校徽和校歌。1960年，學校再易名為「嘉諾撒聖心書院」。

　　嘉諾撒聖心書院位於堅道的原來校舍，由於年深月久，日漸老化。到了 1960 年代，校舍更被白蟻侵蝕，電線和管道問題處處，連在校舍的木樓梯上落行走也險象橫生。校方考慮了重建和搬遷兩個方案，最終決定搬遷，並於 1981 年遷入置富花園置富徑現址；而舊校舍則拆卸重建，原址只保留一幅舊石牆和石級。新校舍位處薄扶林道旁山坡之上，俯瞰東博寮海峽，環境優美。

嘉諾撒聖心書院校舍現址。
圖片來源：香港教育大學香港教育博物館

《左起》霍慧敏校長、盧舜劭女士（以視像會議形式參與）、鍾林鉅沛女士、李子建教授

受訪者	**鍾林鉅沛女士**，1960 年於嘉諾撒聖心書院畢業。前嘉諾撒聖心書院副校長。
	盧舜劭女士，2012 年於嘉諾撒聖心書院畢業。現為文化時尚雜誌 *Tatler Hong Kong* 專題編輯。
	霍慧敏修女，現任嘉諾撒聖心書院校長。
訪問者	李子建教授

受訪片段

父母心儀的學校

　　鍾林鉅沛女士憶述，由於母親希望她先學好中文，她因而在中文小學嘉諾撒聖方濟各學校讀至小四，升小五時才考入屬同一修會的姐妹學校聖心，直至中學畢業。她大學畢業後再修讀教育文憑，其後接受母校校長，也是她的預科班主任賈修女（Mother Emma Cazzaniga）的邀請，回校執教，任教英文科，直至退休。盧舜劭女士則表示，父母給學校純樸校風深深吸引，因此她三歲時便為她報讀嘉諾撒聖心幼稚園，再升上小學和中學，在聖心度過了 15 年愉快的學習生活。

修女正教導女童執筆寫字。
圖片來源：嘉諾撒聖心書院

1920 年代的體育課，學生均穿上裙子參與課堂。
圖片來源：嘉諾撒聖心書院

濃厚的人情味

兩位校友雖然分別於不同年代在學校求學，卻不約而同地表示，校園正向的學習氛圍培養了同學間關愛互助的精神。鍾林鉅沛女士還清楚記得小學時，年幼的她如何從灣仔住所到堅道舊校舍上課。當年交通網絡並不發達，只有一條巴士線從灣仔堅尼地道到達今天中環娛樂行。她下車後，要再爬上陡峭的斜路回校。不過，她也因而能在途上認識很多師姐；而與這些大姐姐結伴同行之餘，她更得悉不少校園趣事，彼此還建立了維繫至今的友誼。

嘉諾撒聖心書院的校服，從鍾林鉅沛女士 1950 年代求學時期到今天，都大同小異，依然是白色連身裙，配上鮮紅色領呔和腰帶，反而體育服裝變化較大。霍慧敏校長表示，由於學校是修會女校，對服裝的要求相對嚴謹和莊重。早期學生上體育課時要外穿長裙，內配褲子，後來才改為輕便的運動衫（T- 恤）和短褲，方便活動。

造就良好英語能力

該校令人津津樂道的，正是學生卓越的英語水平。霍校長和鍾林鉅沛女士認為，這是學校的背景使然。由於昔日的校長多為外籍修女，學生

需以英語與校長報告或會面。同時，學校初期分為中文部和英文部；在英文部亦必須以英語溝通。鍾林鉅沛女士補充說，1950 年代的學校，除了中文科目，其餘科目任教的，雖不全是外籍老師，但同學在溝通過程中，文法或讀音如有誤，校長和老師便會即時給予鼓勵、肯定和支持，讓學生有信心用英語表達，並習慣以英

1950 年代學生上課情況。
圖片來源：嘉諾撒聖心書院

語思考。盧女士記憶最深刻的，是校長和老師精心為學生挑選英語讀物，當中更不乏諾貝爾得獎作家的名作。

霍校長又補充說，學校的早會和活動主要使用英語，近年亦會用普通話，以加強學生多方面的語文能力。

學生活動多元豐富

鍾林鉅沛女士就讀的年代，課外活動比較簡單。她只記得參與過辯論隊，去過郵政總局參觀分揀信件工作，以及到過赤柱海灘旅行。1960 年代後期，學生活動變得多采多姿，包括：由同學投票選出學生會（Student Council）和領袖生，以及由同學參與的校報小組，讓學生發揮領導潛能；例如傑出校友梁高美懿，在學期間就曾擔任學生會主席。她還記得，早期的領袖生由老師提名，後來才開放給學生提名，讓具有領導才能的學生參加甄選面試。霍校長指出，校方近年讓學生自組學生會候選內閣，再由同學投票選出她們信任的領袖團隊。

除了銳意培育學生的領導才能，學校也很關注學生的全面發展。2010 年，盧女士唸中四時，就因為得到班主任林美儀老師的鼓勵，參加了由仁

葡裔與華裔學生一同參與戲劇表演。
圖片來源：嘉諾撒聖心書院

愛堂主辦的野外長征南極考察之旅。當時她既要在校園舉辦推廣環保意識的活動，又要接受極地探險訓練。終於在老師和同學的全力支持下，她通過競爭激烈的遴選，得以踏足南極，拓闊視野，獲得寶貴的體驗和經歷；而令她更難忘的是，老師們因為擔心她的學業進度，甚至將她錯過了的課堂錄音，讓她回來後可以補聽學習。

陶育品格的搖籃

　　談到學生的特質，幾位受訪者均認為是愛與品德。鍾林鉅沛女士說：「我們的成就感是取決於其他人的成就。」盧女士更指出，能力可以訓練出來，但人品則較難培養，「我很高興聖心一直秉承這個信念，培養有優良品格的女孩。希望師妹們除了發展個人潛能和國際視野外，也要有高尚品格，貢獻社會」。霍校長表示，學校非常注重學生靈性上的發展。除了為學生提供機會在各個領域發揮所長，更盼望培養學生的品德修養和心靈陶育。

　　嘉諾撒聖心書院師生對創校宗旨和核心信念的堅持和承傳，正是該校不斷豐盛發展的力量之源。

聖士提反書院

聖士提反書院位於赤柱東頭灣道，擁有全港面積最大的中學校園，早年已有不少海外華僑入讀，2015 年起，書院更提供國際文憑大學預科課程，培養具全球視野的明日領袖。書院的歷史源於 1901 年，當時八名華籍商人和社會領袖向時任港督卜力爵士申辦一所供華人子弟就讀的英文書院。1903 年，聖士提反書院正式在西營盤創立，班納會吏長（The Ven E. J. Barnett）擔任第一任校長和學校舍監。書院採用英國公學的傳統精英教學模式，設立寄宿制度，期望吸引海外，尤其是東南亞地區的華僑學生入讀。為了擴充發展，書院向港府申請永久校址，並於 1924 至 1928 年間短暫遷至薄扶林，直至赤柱現址校舍落成啟用為止。

聖士提反書院遷往赤柱後陸續興建了多座建築，包括書院大樓、宿舍、教學樓、體育館、禮堂，以及多棟配合書院整體發展的設施，為學生提供完備的學習環境。書院大樓於 1929 年落成，為校園第一批建築物。由於建築風格融合希臘神殿式巨大石柱、麻石拱門、迴廊和中式瓦片屋頂等元素，深具當時流行的西方建築色彩，亦是典型的工藝美術風格，2011 年獲列為法定古蹟。1938 年，書院為完善教育體制，在校園附近增設附屬小學 —— 聖士提反書院附屬小學。

1941 年，日軍侵略香港期間，赤柱為攻守兩軍激戰地點之一。同年 12 月 15 日開始，聖士提反書院校園被臨時徵用作緊急軍事醫院，不少來自東南亞地區的學生因無法逃難回國，只好選擇留在校內，與教師職工一起協助護理傷兵。12 月 25 日早上，日軍攻入並佔領軍事醫院（即書院大樓），屠殺 56 位當時負傷留院的軍人，以及多名醫護和職工，成為歷時 18

天的香港保衛戰中傷亡最多，亦是最後一宗屠殺戰俘事件，史稱「聖士提反書院大屠殺」。校園其後更淪為日軍的赤柱拘留營，收容歐裔俘虜。戰後，聖士提反書院在校園最高點建立一所小教堂，以紀念日佔時期與集中營內的受難者和死傷者。

　　聖士提反書院於戰後復校，曾短期遷址至附屬小學。1968 年，書院由男校正式轉型為男女校，並成為香港第一所同時招收男女生的寄宿學校。1970 年，書院因應環境，決定接受政府津貼。2008 年，順應教育改革而轉為直接資助學校。近年，書院積極推動校園文物保育，並設立聖士提反書院文物徑、歷史文物館和歷史學習別館，讓學生及公眾人士認識書院的歷史。

1929 年建成的書院大樓，現已被評定為香港法定古蹟。
圖片來源：聖士提反書院

（左起）楊清校長、錢果豐博士、李子建教授

（左起）陳國培老師、溫健儀女士、李子建教授

受訪者	**錢果豐博士**，1968 年於聖士提反書院畢業。現任聖士提反書院校董會主席。 **溫健儀女士**，1996 年於聖士提反書院畢業。前香港田徑運動員，有香港「女飛人」之稱，個人獨攬 100 米、200 米、400 米、400 米欄及 4X100 米的香港紀錄，亦是跳遠的香港紀錄保持者。 **楊清女士**，現任聖士提反書院校長。 **陳國培先生**，現任聖士提反書院中國歷史科老師，聖士提反書院文物徑和文物館負責老師。
訪問者	**李子建教授**

受訪片段

遷校背後的故事

　　陳國培老師負責聖士提反書院文物徑和文物館。他回顧該校歷史時指出，早年位於中西區和薄扶林的校舍均為租借物業。隨着學校發展，地方不敷應用，學校便向政府申請興建一座永久校舍。政府最初曾考慮批出今天深水灣高爾夫球會一帶的土地，鑑於該處較近市區，校方認為此地對寄宿學生易生誘惑而沒有接納。最後政府批出赤柱現址，供校方興建校舍。但當時赤柱村仍未有自來水供應，政府其後才為學校敷設水管，由大潭水塘直接供水至學校。

　　陳老師補充說，當年書院學生雖然大多出身富裕，卻一直熱心公益，不忘貢獻社會，建校初期已在西區成立夜校，為有需要的青年提供教育。遷校後，學生仍秉持服務大眾的理想，為赤柱村失學兒童興辦義學，更於 1953 年籌建聖公會赤柱小學，而該校於 2001 年正式停辦。

1924 年位於薄扶林的臨時校舍。
圖片來源：聖士提反書院

1930 年校舍遷至赤柱初期的教室原貌。
圖片來源：聖士提反書院

「東方伊頓公學」的魅力所在

聖士提反書院素有「東方伊頓公學」的美譽。錢果豐博士就讀的 1960 年代，學校生源不限於香港，還來自世界各地，包括：新加坡、泰國和夏威夷等。錢博士指出，由於香港是中西文化交匯之地，加上聖士提反書院有完善的寄宿設施，不少海外華僑子弟因而慕名前來入讀。

書院早年為私立學校，在招聘師資方面有很大自由度。錢博士表示，當年的老師都大有來頭，例如：藝術家張義教授、曾任港府政務官的岳士禮老師（Clive Oxley），以及政界知名人士黃錢其濂女士的父親錢山老師等。老師們不僅在課堂上傳授知識，還教導學生做人道理和培養高雅的生活品味。

因材施教　造就國際體壇精英

溫健儀女士本來在九龍一所中文中學就讀中三，因運動方面表現卓越，1991 年獲邀入讀聖士提反書院，並參加學界第一組賽事。書院優美的校園環境和完善的運動配套，大大幫助溫女士成為精英運動員。更重要

學校遷入赤柱後，校舍寬廣，課外活動亦大增，圖為 1934 年泳隊成員合照。
圖片來源：聖士提反書院

的是，溫女士在校內遇到了影響她整個運動員生涯的余力教練；恩師的帶領和教導，成就她今天的運動佳績。陳老師補充說，余教練是著名的跨欄運動員，不僅對田徑運動滿腔熱誠，更深懂如何為運動員度身訂造訓練計劃。他先後為香港培育出多名傑出的田徑運動員，包括：多年囊括短跑獎牌的溫女士、短跑健將畢國偉先生和百米飛人蔣偉洪先生等。

可貴的情誼與舍堂軼事

　　錢博士小學六年級時入讀聖士提反書院；六年寄宿生活中，他交上了不少畢生摯友，期間種種軼事，至今仍教他開懷歡笑。好像吃飯時「四餸一湯」，美食當前，同學們各施各法；有人會趁着謝飯祈禱，爭分奪秒，「搶挾」自己喜歡的餸菜。當年學校又規定宿生晚上十點前必須關燈睡覺，錢博士就曾因半夜偷偷外出吃夜宵，回來後給舍監以藤條伺候；想不到的是，這位舍監後來竟與他共事校董會，師生成為同事。錢博士和同學們也嘗過制水時期四天才供水一次的滋味：由於洗衣房缺水，男生只好穿短褲以減少洗衣次數。幸好學校海灘附近有一口井，錢博士每次暢泳後可以在井旁沖洗。他更笑言：「這是聖士提反學生獨有的體驗。」

　　至於溫女士，入讀聖士提反書院後，因專注練習，只有寥寥可數的知己好友，包括：她的未來夫婿，曾代表香港參加 1992 年巴塞隆拿奧運會的畢國偉先生。溫女士和畢先生當年同為學校田徑隊隊員，彼此均熱愛田徑運動，一起付出全部時間和精力，互相扶持，最終更共諧連理。溫女士入讀聖士提反書院的另一大得着，就是大大改善語言溝通能力。由於她以前在中文中學唸書，英語不算出色，參加國際賽事時往往缺乏自信，不敢主動與他國運動員打交道；不過，轉讀聖士提反書院後，英文水平漸入佳境，能夠很有信心地與其他參賽者打開話匣子，互相交流。

幸福指數「爆燈」　冒險精神啟發未來領袖創新思維

　　作為現任書院校董會主席，錢博士指出，學生愈感快樂，學校愈能營造良好的學習文化。他相信，聖士提反書院學生的幸福指數一直維持在高水平。在他的學生年代，老師會鼓勵同學大膽探索，追求不一樣的人生體驗。書院背山面海，同學們會結伴划獨木舟出海，又會跑到山嶺上，一起摘山捻和餘甘子。各種歷奇活動孕育出同學們敢於冒險的企業家精神，不甘作追隨者，而能邁開腳步，引領社會前行。

　　楊清校長亦表示，現時學校致力為學生提供各項設施和活動，希望藉着愉快學習氣氛，擴闊同學的國際視野和多元潛能，繼續為社會培育博學多能的領導人才。

香港仔工業學校

　　香港仔工業學校為全港現存兩所仍於校名保留「工業」一詞的中學之一（另外一所為九龍工業學校），80 多年來見證着香港的社會轉型與工業興衰。1921 年，鑑於基層子弟失學者眾，時任立法局首席華人非官守議員劉鑄伯聯同著名商人周壽臣、馮平山和李右泉，提議仿效外國訓練學童技藝的方式，成立「香港仔兒童工藝院」，得到眾多華人士紳的支持和贊助。1922 年，政府通過撥地建院的申請。1935 年，香港仔兒童工藝院位於香港仔大成紙局舊址的校舍落成，正式交由鮑思高慈幼會管理辦學，並於同年 3 月開課。

　　二次大戰期間，香港仔兒童工藝院校舍被用作英國皇家海軍總部、志願部隊基地及英國皇家海軍傷兵輔助醫院，亦為一處抗日據點。1942 年日佔時期，學校曾被日軍徵用，其後重開。

香港仔兒童工藝院。
圖片來源：香港仔工業學校

　　戰爭結束後，學生數目和質素均有提升，加上工業發展急速，香港仔兒童工藝院於 1952 年 3 月更名為「香港仔工業學校」（Aberdeen Trade School）。1957 年，學校獲政府認可為工業學校，英文校名正名為 "Aberdeen Technical School"，沿用至今。該校畢業生亦因而獲英國運輸及民航部正式認可為機械學徒；若再經兩年的船塢重機械訓練，更可獲船務工程師資格。隨着上述轉變，校方於收生和畢業資格的要求亦日趨嚴格。

　　早年學校設有小學部及中學部，小學部提供高小一及高小二（即小五及小六）課程，學生畢業後可升讀中學部五年工藝專科課程。學校設有木工、電機和機械三個部門。若學生於中三中期試考獲一級證書便可升讀中四至中五，參加英文中學會考；獲得二級證書的則要結業離校，到工廠當學徒，或於政府開辦的工專夜校繼續進修。校方於 1980 年代取消小學部，並加設中六及中七大學預科班。

　　學校於開辦初期曾提供寄宿服務。早年，學生全年大部分時間住在學校，家人只可於星期日上午短暫探訪。1980 年代中期，選擇寄宿的學生逐年減少，學校因而停止寄宿服務。但後來因家長對寄宿需求殷切，學校於 2012 年決定重開寄宿部。

（左起）沈明輝校長、尹慶源教授、李子建教授、李劍華先生

受訪者	**尹慶源教授**，1952 年於香港仔工業學校畢業。現任一指神功掌門人、香港武術聯會榮譽會長，曾任棉紡會中學校長。
	李劍華先生，1979 年於香港仔工業學校畢業。現任明愛職業訓練及教育服務總主任，前天主教普照中學校長，前香港仔工業學校副校長。
	沈明輝先生，現任香港仔工業學校校長。
訪問者	**李子建教授**

受訪片段

踏進工業專才之門

　　尹慶源教授於機緣巧合下入讀當時的香港仔兒童工藝院。1947 年，他在筲箕灣慈幼小學畢業後，本來已獲另一所中學取錄，因遲遲未收到入學通知，最後在小學校長幫助下，成功申請入讀香港仔兒童工藝院，開展多姿多彩的校園生活。

　　香港仔工業學校人才輩出，坊間流傳該校只取錄成績優異的學生。1971 年，李劍華先生就讀小五，在原校成績名列前茅，便申請轉讀香港仔工業學校；經過筆試、智能測驗及面試三輪考試，終於在 2,000 名報考學生中脫穎而出，成為獲得錄取的 90 名學生之一。尹教授提及，當年的智能測驗為傾向測試，主要是了解報考同學學習機械電工的能力傾向；如測驗表現稍遜，即使學業成績優秀，也不獲取錄，可見競爭非常激烈。

昔日的宿舍生活。
圖片來源：香港仔工業學校

五分鐘沖涼時間

　　雖然兩位校友在學時期相差 20 多年，卻一致認同，昔日母校的寄宿生活，着實能培養出學生嚴守紀律的習慣。沈明輝校長表示，由於以前交通配套不足，學生在校寄宿便不用長途跋涉往返家校。尹教授指出，1950年代，所有學生必須寄宿；除了農曆年假三天及暑假六星期可以回家外，其他日子，包括星期六、日及公眾假期，學生都必須留在學校，日常作息極有規律。

　　李先生亦分享了當年趣事：30 多個淋浴間沒有獨立水掣，總水掣由修士神父控制。洗澡時間規定只有五分鐘，時間一到，就算全身肥皂泡也要立刻離開。此外，淋浴間沒有熱水供應，寒冬時同學每天仍要以冷水淋浴，只有氣溫低於四度時才有熱水供應。然而，正是這種艱苦嚴格的寄宿生活，鍛煉出刻苦耐勞的性格特質。

畢生難忘的兄弟情和父子情

　　學生在寄宿生活中朝夕相對，共同成長，從而建立了深厚的友誼，

昔日學生的體操表演。
圖片來源：香港仔工業學校

情同兄弟。神父修士對學生亦關懷備至，猶如父子。華近禮神父（Fr D. Martin）任校長時，會親自陪同畢業學生出席求職面試、推薦學生到英國大機構半工半讀，當中有學生三年後考取工程師銜頭；亦有推薦學生到加拿大升讀大學課程，之後入讀研究院，後來成為大學教授。李先生當年畢業後，立志投身教育，報讀香港工商師範學院；老師孔志剛修士（Bro Arnold de Groot）更特地修函，並親自致電師範學院，為他引薦，令李先生感激不已。

十八般武藝樣樣皆精

　　提到校園生活，尹教授更興奮不已。由於小時候抗日走難，沒有接觸任何課外活動，他形容甫入學就如劉姥姥初進大觀園，大開眼界。雖然當時學校沒有體育和音樂課，不少同學卻已擅長單槓、雙槓、跳木箱、跳木馬、墊上運動和徒手操等體操技巧。音樂活動方面，同學既可以學習各種樂器，也可以在沒有指揮和伴奏下在聖堂唱聖詩，或每次晚禱前全校合唱可以自動分四聲部和聲唱出；大瞻禮時，又可以表演話劇和音樂劇。同學們的多才多藝讓他驚歎不已。尹教授還記得，同學如想參加課外活動，必須成績優秀，還要通過神父修士們的面試。

　　至於兩位校友印象同樣深刻的另一項課外活動，則是足球。尹教授

1935 年，學生正學習使用縫紉機。
圖片來源：香港仔工業學校

憶述，當時每天不論晴雨都有兩場足球比賽，全校中學生分成 14 隊，每隊八至九名學生，同時比賽。試想想，一個球場同時有七個足球、百多名學生；各隊球員既要分清敵我，又要「一眼關七」，更要認得自己的足球，實是莫大挑戰，毋怪乎大家均能練出一身好腳法呢！

專業技術獲各機構爭相羅致

工業教育一直是學校發展特色之一。尹教授指出，1950 年代，華近禮神父曾將學校課程交予國際勞工局評核。評定結果顯示，修畢中一至中五課程的畢業生，能力等同於大型船塢機械或電機工廠完成了三年學徒資歷，只要其後在船塢或直接在大輪船上實習兩年就可以考取「輪機工程師」銜頭。他憶述，當時每天需在工場用上五至六小時學習理論、畫圖則、機械打磨、「揸刨床」、「揸車床」、重電及輕電等各種專業技能。長時間的學習與訓練，讓同學練就出色的專業本領，並獲各大工業和工程機構爭相聘用，包括：政府工務局、海軍船塢、工業生產機構，以至瑞典洋

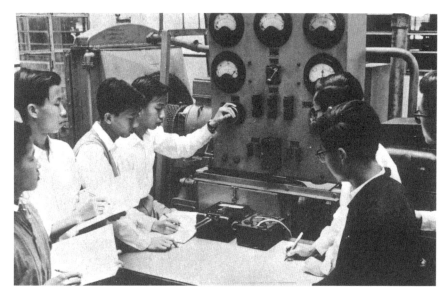

1947 年，學校成立電機部，讓學生能學習甚至製造家庭電器。
圖片來源：香港仔工業學校

行等。該校學生自 1962 年起已參加香港中學會考。李先生就讀的 1970 年代，雖然要準備會考，學校仍十分注重學生的工業訓練，每天下午還保留兩至三小時在工場動手學習的課堂。正因為對動手實踐的堅持，學生才能鍛煉出精湛純熟的技藝。

尹教授補充，當年除了教授一般科目的老師外，還有教授工業科目和宗教教育的神父與修士，接近 20 人，各有不只一種的特殊本領與技能。學生從他們身上學得一、兩種，日後已能一枝獨秀；若學得四、五種，人生就更多采多姿！所以，有人成為專業樂隊及香港管弦樂團樂師，也有當上不同樂隊的指揮。當教師的，也會帶領學生贏取各項校際比賽獎項。而在不同專業工程師中，興建第一條香港海底隧道的總工程師，正是該校的畢業生。至於宗教教育及宗教活動，則可把學生培育成正直不阿、負責任、愛自己和愛鄰人的頂天立地漢子。

雖然香港仔工業學校現已轉為文法中學，但課程依然保留濃厚的科技特色。學校既有設計與科技科，又致力推動 STEM 教育，培養學生動手實踐創意的能力。在專業培訓和硬件配套的支援下，香港仔工業學校的老師仍一如既往，不斷激發學生創意，讓他們得以盡展所長。

香港航海學校

　　香港航海學校位於赤柱東頭灣道，是一所寄宿男校，亦是香港現時唯一提供海員訓練的中學。

　　戰後初期，香港百廢待興，居民生活困苦，不少孤兒無依無靠。聖公會香港教區主教何明華會督便邀請簡悅強先生和貝納祺大律師等五位社會賢達，籌辦「小童群益會暨兒童營」，收容及教育貧苦兒童和孤兒。1946 年，位於赤柱海旁，由幾幢舊米倉改建的兒童營，正式成立；初期主要接收由法庭頒令入學或經小童群益會轉介的兒童。

　　1949 年，貝納祺大律師接納香港航海訓練學校（Hong Kong Sea Training School）榮譽秘書史密夫牧師（Rev Percy Smith）的建議，在兒童營興建一座軍式拱型營房，為營內 50 名兒童提供航海訓練，培訓他們成為商船海員。此舉既可讓孩子學得一技之長，又可為航運業提供專業人才。1952 年，香港航海訓練學校與兒童營正式合併為「赤柱兒童營暨香港航海學校」。1959 年，學校納入津貼學校編制，獲政府津貼及資助，同時易名為「香港航海學校」，校名沿用至今。

　　在資源相對匱乏的 1950、60 年代，香港航海學校的校舍建設，全賴熱心機構鼎力支持。1954 年，藍煙囪郵船公司捐助學校，以興建校園內首座兩層高建築。隨着學生人數增加，校園設施不敷應用，賽馬會於 1960 年向該校捐贈一幢四層高大樓。1962 年，已改為學生宿舍的舊米倉在颱風吹襲下倒塌，學校獲美國經援協會捐助，建成新宿舍大樓。

　　香港航海學校成立之初，海員科老師須為學生編排各類水上活動和訓練，讓學生掌握海上技能。修讀三年航海課程的畢業生可獲校方舉薦，投身航海事業。1969 年，香港航海學

校註冊為特殊教育學校；1976 年更獲海事處批准開辦救生艇、全能海員及海上逃生自救等課程，為蓬勃的航運業提供大量人才。

　　1990 年代初，香港航海學校除提供海員訓練外，亦加強機械工程、管事、膳宿服務、基礎商業和工藝訓練等培訓，帶領學生在航運業萎縮的情況下拓寬出路，並於 1993 年成為香港第一所實用中學。1997 年，香港推行教育制度改革，學校轉型為提供寄宿的主流中學，學生的宿舍生活則仿效紀律部隊模式。香港航海學校近年積極改善海事課程，繼續為香港的航運業注入新血。

香港航海學校今貌。
圖片來源：香港教育大學香港教育博物館

（左起）陳嘉熙先生、曾文青先生、陳道沛校長、李子建教授

受訪者	**曾文青先生**，1963 年於香港航海學校畢業。曾任香港特別行政區政府海事處副處長，2002 年獲頒授銅紫荊星章。 **陳嘉熙先生**，2012 年於香港航海學校畢業。現役香港賽馬會自由身騎師。 **陳道沛校長**，現任香港航海學校校長。
訪問者	李子建教授

受訪片段

行行出狀元

　　曾文青先生 1959 年在香港航海學校就讀時，海事訓練分為海員班、管事班及輪機班。海員班學員需學習甲板上的工作，如：船隻泊岸時拋繩及拉船等；管事班學員會學習船上各種生活服務，如：為高級船員佈置餐桌、安排膳食和清潔衛生等；輪機班學員則學習船上機房的工作。曾先生當時因為成績和英語較好，選擇了管事班；畢業後投身航運業，先在英國皇家海軍服務三年，接着到商船上當學徒，並陸續取得二副牌、大副牌和船長牌等海事專業牌照，成為獨當一面的海事專才。

　　陳嘉熙先生於 2012 年畢業，其後選擇向體壇發展。他坦言因自己運動表現較佳，學業成績稍遜。初中時，他在母校接觸了帆船運動，學校的體育訓練引發他的運動潛能，他在中二那年便已加入學校帆船代表。畢業

自創校以來，學校積極推動學生參與水上運動，包括划艇。
圖片來源：香港航海學校

昔日改建自米倉的宿舍環境。
圖片來源：香港航海學校

後，機緣巧合下，陳先生參加了香港賽馬會的見習騎師計劃，受訓成為專業騎師。

難忘的米倉宿舍、冷水澡和下田種菜

香港航海學校自成立以來，特色之一就是為學生提供寄宿服務。曾先生當年入住的學生宿舍，是以食米倉庫改裝而成，可惜於 1962 年被颱風「溫黛」摧毀。他指出，昔日的居住環境和設施不如現在的那麼完善，宿舍附近全是一片泥濘，洗澡時也沒有熱水，學生更要學習耕田種菜。儘管如此，艱難的住宿環境卻令同學們得到終身受用的生活鍛煉。

從「跌打丸」到兩餸一湯的味覺回憶

曾先生說，1950 至 60 年代物質貧乏，師生只求溫飽，不會奢求味覺享受。學生在老師帶領下會輪流燒菜煮飯；雖然算不上美味，卻是師生分工合作、辛苦得來的成果。那些年，只有早餐和晚餐才有白飯，一般只伴以少許馬鈴薯和鹹魚；午餐則是將廉價麵粉搓成麵團，再配上蔬菜或糖，同學們曾戲稱那些硬實的麵團為「跌打丸」。

　　相較於昔日的簡樸，陳先生求學時期以至今天的膳食情況，已是另一番光景。除了營養豐富，食物種類也較多樣化。陳先生記得，每逢節日會有糉子、月餅和火雞等應節食品。至於現在，陳道沛校長表示，廚工每餐會為同學準備兩菜一湯。

培養團隊精神

　　香港航海學校的寄宿生活，讓同學學會遵守紀律和建立團隊精神。曾先生就讀的年代，學校會制訂甚有規律的時間表，學生要穿着整齊的制服上課；每天早上梳洗後，還要先接受半小時的集體步操訓練，才可吃早餐。

　　這項傳統隨着時間流逝，變得更有系統。陳校長指出，現在學校對校服的要求不算嚴格，但仍要求學生保持整潔。相對來說，學校反而制訂了一套嚴格的儀容守則，例如：不能蓄長髮，只能戴幼框眼鏡和深色手錶；而對領呔長度、襪子和鞋履等亦各有要求。校園內更設有多面鏡子，讓大家時刻檢視自己的儀表。此外，學生每天早上仍須步操，見到師長時

透過紀律訓練，學生習得勤奮自律的良好品格。
圖片來源：香港航海學校

更要敬禮。陳先生認為，自己從小在航海學校接受紀律訓練，踏入社會後，即使犯錯給上司或師兄訓斥，都懂得反思己過。

陳先生記得，學校每年會為學生安排水上和陸上戶外活動各一次，例如：遠足和划艇等。當年他與同學走遍西貢各個山頭，又曾划艇到荒島紮營過夜。雖然島上沒有任何物資，憑着他們在學校學到的生活技能，最終也能同心協力地完成各種考驗。

職業規劃助學生多元發展

香港航海學校更是培育紀律部隊和海事人才的搖籃。陳校長指出，該校具有濃厚的紀律和海事訓練的傳統，近年更開展具系統性的校本生涯規劃以裝備學生，為有志投身紀律部隊和海事行業的學生提供了良好的基礎，並與不同的紀律部隊、運輸及物流局和海事業界保持緊密聯繫，利用相關的資源，提供水上活動訓練、海事相關的專業考試訓練、步操和儀仗訓練等。過去十多年，學生在畢業後投身紀律部隊和成為海事專才者不計其數。

學校近年增設模擬駕駛系統，讓學生能夠在校舍內練習駕駛技術。
圖片來源：香港教育大學香港教育博物館

鴨脷洲街坊學校

1980 年代以前，鴨脷洲還是小漁村和船廠區，居民大多從事與漁業相關的行業，並聚居在鴨脷洲大街附近。1950 年代，鴨脷洲街坊福利會的理事鑑於島上有上千適齡的漁民子弟，卻只有兩所學校提供基礎教育，乃在天主教耶穌會莫樂天神父（Rev Michael Morahan SJ）幫助下，組成建校籌備委員會，籌辦學校。

1954 年，鴨脷洲街坊學校創立。當時建校籌備委員會藉着洪聖爺誕神功戲籌款，將演戲收入盈餘撥作建校經費。其後獲教育局撥地，以鴨脷洲大橋現址旁邊的山崗作為校址，並由莫神父出任首任校監。學校校舍設有六個教室，用花崗石作牆，為金字屋頂的單層平房設計。

1955 年，適齡學童人口急速增長，學額供不應求，絕大部分小學均為半日制。該校也分拆為上、下午部。下午部初為私校，直至 1965 年才轉為津貼小學，與上午部看齊。2000 年初，該校為配合教育改革，將上、下午部合併為全日制學校。

過去近半個世紀，鴨脷洲經歷了飛躍的發展。1980 年代初，隨着鴨脷洲大橋啟用和香港仔隧道開通，鴨脷洲與港島其他地區有了陸路交通連接。島上公共房屋、私人屋苑和工業區等相繼建成，島上居民人數和背景，與過去已大為不同，而鴨脷洲街坊學校的生源也有不少變化。山崗校舍雖然經過擴建，但位置偏僻且交通不便；因此，鴨脷洲街坊福利會於 1981 年向教育署申請，在當時還是利東臨時房屋區的利東邨，興建新校舍。

1987 年，位於利東邨道 9 號的新校舍與利東邨幾近同時落成，不單繼續服務鴨脷洲大街的居民，也為新遷入公共屋邨

的兒童提供小學教育。新校舍建有 24 間教室，1996 年更加建新翼校舍。
與此同時，舊校舍由安徒生會接辦為兒童中心，服務當區兒童，後因發展
地產項目才遭清拆。

　　近年，學校專注小班教學和照顧有不同教育需要的學生，配合特色
的森林課程與 STEM 教育，也吸引了遠至中西區和東區的學生跨區就
讀，開展學校新的一頁。

1955 年的鴨脷洲街坊學校。
圖片來源：香港大學圖書館

（左起）譚梓軒同學、黃正行同學、布惠芳校長、簡啟羽先生、陳敬然先生、李子建教授、郭明蕙同學、馮珀雯同學

受訪者	簡啟羽先生，鴨脷洲街坊學校第二屆畢業生。
	陳敬然先生，1995年於鴨脷洲街坊學校畢業。前香港滑浪風帆選手，曾兩度奪得亞運會男子輕量級米氏板金牌，獲傳媒譽為「風之子」。
	布惠芳女士，現任鴨脷洲街坊學校校長。
	郭明蕙同學，現就讀鴨脷洲街坊學校六年級。
	黃正行同學，現就讀鴨脷洲街坊學校五年級。
	馮珀雯同學，現就讀鴨脷洲街坊學校五年級。
	譚梓軒同學，現就讀鴨脷洲街坊學校五年級。
訪問者	李子建教授

受訪片段

新舊校舍交織愉快童年

　　鴨脷洲街坊學校最初建於現今深灣軒一帶的小山崗上，環境清幽。該校第二屆畢業生簡啟羽先生回想當年上學情景，依然歷歷在目。他住在鴨脷洲，每天上學要由現在風之塔的位置，經過海面傳道會，爬上百步梯級才能到達。簡先生說，因當時鴨脷洲東部（現利東邨一帶）尚未移山填海，遮擋部分視野，故未能飽覽整個海灣景色，但學校右邊卻可眺望南丫島。

　　1987年，鴨脷洲街坊學校搬至利東邨現址，舊校舍則改作安徒生會的兒童中心，為區內少數家庭提供托管服務。陳敬然先生於1989年入讀

該校，有幸同時在新舊校舍度過歡樂的童年。陳先生是水上人，小時候曾居於區內的住家艇，直至 1980 年代末才遷至陸上。由於父母忙於工作，未能照顧陳先生，每天上午便先把他送到原為舊校舍的安徒生會，午膳後才到新校舍上課。他提到學校旅行時，老師曾帶他們到舊校舍的小山崗上玩耍，可見舊校帶給他不少難忘的回憶。

鴨脷洲街坊學校今貌。
圖片來源：香港教育大學香港教育博物館

從多元學習活動中發掘專長

　　簡先生於 1950 年代入讀該校，當時的旅行活動主要在南區一帶進行，甚少離開鴨脷洲。他記得曾到過今天海洋公園一帶的巴黎農場參觀動物園，亦曾到現在香港仔郊野公園附近的薑花澗和古松谷遠足。

　　對陳先生來說，學校讓他從小培養對體育的興趣。他自小學四年級起便加入田徑隊，每天早上由鴨脷洲配水庫遊樂場，途經陡峭道路，圍繞學校練跑。升讀中學後，他仍然保持這股運動熱誠，更開始接觸滑浪風帆，開展他的運動員生涯。除田徑隊外，陳先生課餘時還參加了英文班和小提琴班，暑假期間亦參加了少年警訊的花式單車班。他覺得昔日消閒娛樂方式比較簡單，只要參加不同學習活動，學生的課餘生活便會過得十分充實。

　　近年，鴨脷洲街坊學校積極提供多元化學習活動；同學對新增的森林課程，印象特別深刻。他們手腦並用，完成各項任務，如：無字天書和野外生火等，從中更學會各式各樣技能。布惠芳校長表示，校方除提供近 30 項課外活動外，課程亦配合學生全人發展。今年更試行每星期撥出兩天的下午時段，提供多元學習活動課程，讓學生發掘各自的專長和興趣。

昔日學生於舊校舍內參與兒童夏令會活動。
圖片來源：鴨脷洲街坊學校

專屬鴨脷洲的好滋味

　　學習之外，午餐亦是學校生活中不可或缺的部分。布校長指出，現在學校由供應商提供午膳膳食，其中 A、B、D 餐只是一般飯餸配搭，而同學卻大多對 C 餐情有獨鍾，因為 C 餐以小食為主，包括：燒賣、雞排、玉米和碗仔翅等，食物種類較多元化。陳先生憶述，昔日在安徒生會的兒童中心用膳後才去上學；每逢端午節，中心的姨姨會親自教小朋友包糭子。簡先生則記得，由於當年父母要外出工作，未能為他準備早午兩餐，每天早上只給他一角錢，讓他在上學途中買小食。以目前的物價，莫說一角，就算一元，也買不到甚麼；但當年，一角錢已足以讓小朋友大快朵頤。簡先生對鴨脷洲大街上的柴魚花生粥、腸粉、油炸鬼和魚蛋粉麵，至今仍回味無窮。學校附近小食檔的酸薑和咖哩魷魚，也很受學生歡迎。

敢發夢　再去追夢

　　求學時期是夢想萌芽的階段。新生代的同學對不少職業充滿好奇

昔日學生於舊校舍內參與活動。
圖片來源：鴨脷洲街坊學校

心，早已埋下實現夢想的小種子。四位同時受訪的在讀同學，有人希望長大後當港鐵車長或技術員，也有人想當廚師、記者和警察。兩位師兄在事業上各有所成，自然不忘對師弟妹加以勉勵。簡先生小學時已培養對繪畫的興趣；每當學校舉辦繪畫比賽，他的作品都會「貼堂」，以示嘉許。本來他想往平面設計或室內設計方面發展，奈何礙於家庭原因，未能堅持夢想；現在回想起來，不無遺憾。他寄語同學，應按自己興趣選擇未來路向，希望他們終有一天能為校為港爭光。而被譽為「風之子」的陳先生亦說，做人最重要有夢想，寄語同學應敢於「發夢」。他更強調，達成夢想的關鍵，並非外在的資源或硬件，而是持之以恆的態度。布校長亦寄望同學將來可發揮所長，做自己喜歡的事，並祝福在座同學，長大後能隨心所願，實現夢想。

結語

歲月無聲　人間有情

1841 年，英國強佔香港島。當時島上大多為農民和漁民，亦有寄居於商店、船上，來自九龍半島的臨時工人，全島人口只有數千。執筆之時，書中三區人口，已近百萬。在這 180 年間，香港有着長足發展 —— 從殖民管治初年的轉口貿易，到 1950 年代韓戰時期受禁運影響而發展出來的本地製造業，再到 1980 年代隨着國內改革開放而轉型成為金融中心。時至今日，中國香港已成為亞洲重要的國際都會。

本書為讀者概括介紹了灣仔、東區和南區學校與社區的歷史發展。各校不同年代的校友在訪問中分享他們在學時的段段回憶和趣談軼事，讓我們更能深切體認每所學校多年來為社會作育英才所付出的心血，並同時窺見眾校友與教育界前輩當年的生活點滴與社會情狀。

1950 及 60 年代的香港，物資相對匱乏，今天的學生可能難以想像。就如不少受訪校友都曾提及，他們較少外出午膳，而大多使用有玻璃水銀內膽的保溫飯壺盛載午飯回校。如今，這種玻璃膽飯壺大概只能在博物館內才可看到。又如當年不是每家每戶都有雪櫃；要吃啫喱，就需先向相熟汽水店老闆借用雪櫃存放。此外，不少童玩都是低成本，甚或零成本，更可親手製作的，如：拍公仔紙、放紙船、踢膠波、摘山棯和鬥金絲貓等，與今天的高科技電子玩具相比，別有一番風味。

戰後初期，香港居民仍不時面對制水和衛生等各種生活問題。上學路途與今天相比，更不啻霄壤。就如從灣仔到中區半山，現在當然方便快捷，校友們當年卻要先乘巴士到中環，再徒步走上長長的斜路，才能回到

學校。不過，無論如何艱辛，年輕學子都毫不畏縮，為的是可以上學追求知識。

　　英京酒樓、東方戲院、鳳城酒家和國泰酒店⋯⋯灣仔這些昔日地標已消失於歷史長河之中；而經過多次填海，海底隧道、灣仔北商業區和會展中心等大型建設先後落成，灣仔海旁早已面目一新。另一方面，東區的太古船塢現已變身為太古城，南區黃竹坑的巴黎農場也成為海洋公園一部分。從前規模各異、水準不一的私立學校逐漸被津貼學校和直資學校取代；各類工業學校相繼退下舞台；不少學校亦搬遷他往或重建擴充。物換星移，往日習以為常的景物和校園生活，大多已成追憶，但歲月沖擦不去的，是恩師的啟迪，是同窗的情誼，是數十載不變的人情韻味⋯⋯

參考書目

圖書

丁新豹、黃廼錕：《四環九約：博物館藏歷史圖片精選》（修訂再版）。香港：香港歷史博物館，1999 年。

大坑坊眾福利會：《大坑坊眾福利會六十周年紀念特刊 1947-2006》。香港：大坑坊眾福利會，2006 年。

方美賢：《香港早期教育發展史》。香港：中國學社，1975 年。

方駿、熊賢君主編：《香港教育通史》。香港：齡記出版有限公司，2008 年。

王齊樂：《香港中文教育發展史》。香港：三聯書店（香港）有限公司，1996 年。

朱益宜：《關愛華人：瑪利諾修女與香港（1921-1969）》。香港：中華書局（香港）有限公司，2007 年。

何佩然：《城傳立新：香港城市規劃發展史（1841-2015）》。香港：中華書局（香港）有限公司，2016 年。

何佩然：《建城之道：戰後香港的道路發展》。香港：香港大學出版社，2008 年。

何佩犀、盧天送編：《我們的灣仔故事：2014 年灣仔節特刊》。香港：U 周刊，2014 年。

何佩犀編：《灣仔千禧年特刊》。香港：灣仔區迎千禧統籌委員會，2000 年。

何耀生：《香港製造，製造香港：香港工業過去現在未來》。香港：明報出版社有限公司，2009 年。

吳倫霓霞：〈教育的回顧（上篇）〉，載於王賡武主編：《香港史新編（下冊）》（增訂版）（頁483-531）。香港：三聯書店（香港）有限公司，2017 年。

東華三院教育史略編纂委員會編：《東華三院教育史略》。香港：香港東華三院壬寅年董事局，1963 年。

邱小金、梁潔玲、鄒兆麟：《百年樹人：香港教育發展》。香港：市政局，1993 年。

胡春惠主編：《紀念抗日戰爭勝利五十周年學術討論會論文集》。香港：香港珠海書院亞洲研究中心，1996 年。

香港中文大學天主教研究中心編著：《關愛服務百二載：聖保祿醫院歷史足跡》。香港：香港中文大學天主教研究中心，2018 年。

香港史學會編著：《文物古蹟中的香港史 I》。香港：中華書局（香港）有限公司，2014 年。

香港地方志中心編纂：《香港志‧總述　大事記》。香港：中華書局（香港）有限公司，2020 年。

香港航海學校舊生會編輯組：《我們在赤航的日子》。香港：明文出版社有限公司，2007 年。

香港歷史博物館編：《影藏歲月：香港舊照片》。香港：香港歷史博物館，2013 年。

夏其龍、譚永亮編：《香港天主教修會及傳教會歷史》。香港：香港中文大學天主教研究中心，2011 年。

夏其龍：《香港天主教傳教史 1841-1894》。香港：三聯書店（香港）有限公司，2014 年。

夏歷：《香港東區街道故事》。香港：三聯書店（香港）有限公司，1995 年。

馬冠堯：〈香港科學工藝教育的源頭：以李陞格致工藝學堂和香港實業專科學院為例〉，載於蕭國健、游子安主編：《鑪峰古今：香港歷史文化論集 2017》（頁 130-173）。香港：珠海學院香港歷史文化研究中心，2018 年。

高添強、唐卓敏編著：《香港日佔時期：1941 年 12 月 -1945 年 8 月》。香港：三聯書店（香港）有限公司，1995 年。

高添強編著：《香港戰地指南（1941）》。香港：三聯書店（香港）有限公司，1995 年。

梁炳華：《南區風物志》（新修版）。香港：南區區議會，2009 年。

郭少棠：《東區風物志：集體記憶社區情》。香港：東區區議會，2003 年。

郭棐撰、黃國聲、鄧貴忠點校：《粵大記》。廣州：中山大學出版社，1998 年。

陸鴻基：《從榕樹下到電腦前：香港教育的故事》。香港：進一步多媒體有限公司，2003 年。

湯開建、蕭國健、陳佳榮主編：《香港 6000 年：遠古 -1997》。香港：麒麟書業有限公司，1998 年。

程介明：〈教育的回顧（下篇）〉，載於王賡武主編：《香港史新編（下冊）》（增訂版）（頁 533-561）。香港：三聯書店（香港）有限公司，2017 年。

馮邦彥：《香港地產業百年》。上海：東方出版中心，2007 年。

馮邦彥：《香港產業結構轉型》。香港：三聯書店（香港）有限公司，2014 年。

黃棣才、劉亮國、香港教育大學香港教育博物館：《搖籃地——中西區教育今昔》。香港：中華書局（香港）有限公司，2020 年。

黃棣才：《圖說香港歷史建築 1841-1896》。香港：中華書局（香港）有限公司，2012 年。

葉靈鳳：《香海浮沉錄》。香港：中華書局（香港）有限公司，2011 年。

漢華教育機構：《漢華七十》。香港：中華書局（香港）有限公司，2020 年。

劉智鵬、黃君健編著：《黃竹坑故事：從河谷平原到創協坊》。香港：三聯書店（香港）有限公司，2015 年。

劉雅詩：〈二十世紀香港女子教育的歷史與發展：以「寶覺義學」為例〉，載於香港教育學院數社科技學系及圖書館：《「教育與承傳」學術研討會及展覽》（頁 31-32）。香港：香港教育學院，2009 年。

劉蜀永：《劉蜀永香港史文集》（增訂版）。香港：中華書局（香港）有限公司，2021 年。

劉潤和、王惠玲、高添強：《益善行道：東華三院 135 周年紀念專題文集》。香港：三聯書店（香港）有限公司，2006 年。

鄭寶鴻編著：《百年香港分區圖賞》（修訂版）。香港：經緯文化出版有限公司，2022 年。

黎志邦：《從前有個香港仔》。香港：香港人出版，2018 年。

黎萬紅、鍾宇平、孔繁盛：《香港職業技術教育的發展路向探索》。香港：香港中文大學教育學院、香港中文大學香港教育研究所，1999 年。

謝永光：《三年零八個月的苦難》（第二版）。香港：明報出版社有限公司，1995 年。

鍾寶賢：《太古之道：太古在華一百五十年》。香港：三聯書店（香港）有限公司，2016 年。

鄺智文編撰：《南區二次大戰軍事遺跡》。香港：香港史學會，2021 年。

顏明仁：《戰後香港教育》。香港：學術專業圖書中心，2010 年。

蘇珊・博爾格、理查德 K 李斯特主編、侯世昌等譯：《由香港製造：香港製造業的過去・現在・未來》。北京：清華大學出版社，2000 年。

灣仔區街坊福利會：《慶祝中華人民共和國建國六十周年暨灣仔區街坊福利會成立六十周年及二十二屆理監事就職典禮敬老聯歡晚會》。香港：灣仔區街坊福利會，2009 年。

Chiu, Patricia P. K. *A History of the Grant Schools Council: Mission, Vision, and Transformation.* Hong Kong: Grant Schools Council, 2013.

Drémeaux, François, ed. *Hong Kong, French Connections: From the 19th Century to the Present Day.* Hong Kong: Bonham Media Ltd., 2012.

Dunnaway, Cliff, ed. *Wings over Hong Kong: A Tribute to Kai Tak: An Aviation History 1891-1998.* Hong Kong: Odyssey, 1998.

Endacott, G. B. *A History of Hong Kong.* Rev. ed. Hong Kong: Oxford University Press, 1973.

Lobscheid, William. *A Few Notices on the Extent of Chinese Education, and the Government Schools of Hong Kong.* Hong Kong: China Mail Office, 1859.

Luk, Hung-kay. *A History of Education in Hong Kong.* Hong Kong: Lord Wilson Heritage Trust, 2000.

Morrissey, Thomas J. *Jesuits in Hong Kong, South China and Beyond: Irish Jesuit Mission: Its Development 1926-2006.* Hong Kong: Xavier Publishing Association Co. Ltd., 2008.

Ng, Lun Ngai-ha. *Interactions of East and West: Development of Public Education in Early Hong Kong.* Hong Kong: Chinese University Press, 1984.

Smith, Carl T. "Wanchai: In Search of an Identity." In *Hong Kong: A Reader in Social History*, edited by David Faure, 157-207. Hong Kong: Oxford University Press (China), 2003.

Stokes, Gwenneth, and John Stokes. *Queen's College: Its History 1862-1987.* Hong Kong: Queen's College Old Boys' Association, 1987.

Sweeting, Anthony. *Education in Hong Kong, 1941 to 2001: Visions and Revisions.* Hong Kong: Hong Kong University Press, 2004.

Sweeting, Anthony. *Education in Hong Kong, Pre-1841 to 1941: Fact and Opinion.* Hong Kong: Hong Kong University Press, 1990.

Yu, Paul S. M., ed. *All That's Noble and True: History of Wah Yan College, Hong Kong 1919-2019.* Hong Kong: HKEJ Publishing Limited, 2020.

期刊

方駿：〈官立男子漢文師範學堂（1920-1940）：早期香港中文師資的重要搖籃〉，《教育研究學報》，2005 年，第 20 卷第 1 期，頁 121-139。

長春社：〈香港李陞格致工藝學堂：現前中區警署〉，《保育香港歷史筆記》，2014 年，第三期增刊二，頁 4-5。取自 https://www.cahk.org.hk/upload/subpage2/48/self/619e051f40a6d.pdf

香港基督教循道衛理聯合教會：〈幼兒教育篇〉，《香港基督教循道衛理聯合教會會訊》，2001 年，第 217 期，頁 2。

Cheung, Frederick. "The Contribution of the Sisters of St. Paul de Chartres in Hong Kong in the Twentieth Century." *Ritsumeikan Journal of Asia Pacific Studies* 23 (November 2007): 89-98.

Gulford, C. Michael. "A Look Back: Civil Engineering in Hong Kong 1841-1941." *Journal of the Hong Kong Branch of the Royal Asiatic Society* 37 (1998): 81-101.

Smith, P. R. "Staff Development at Hong Kong Technical Teachers' College." *Journal of Further and Higher Education* 3, no. 3 (Autumn 1979): 44-50.

Waters, Dan. "A Brief History of Technical Education in Hong Kong." *Journal of the Hong Kong Branch of the Royal Asiatic Society* 28 (1988): 10-15.

Waters, Dan. "A Brief History of Technical Education in Hong Kong 1863 to 1980: A Lecture Delivered by Dr D D Waters ISO BBS: On the Occasion of the Morrison Hill Technical Institute's 30th Anniversary: 12 October 2000." *Journal of the Hong Kong Branch of the Royal Asiatic Society* 40 (2000): 209-225.

報刊

〈1984 香港大事〉,《東方日報》,2015 年 3 月 31 日。

〈初級工業學校易名維多利亞工業學校〉,《工商日報》,1956 年 7 月 22 日。

〈東華三院顧問李賜豪捐建設費廿五萬元:港三校命名李賜豪小學留念〉,《華僑日報》,1971 年 7 月 27 日。

〈香港仔工業學校將改為工業中學:華民司昨在畢業禮中透露〉,《工商日報》,1957 年 7 月 15 日。

〈香港仔童工院今日舉行開幕禮〉,《天光報》,1935 年 3 月 26 日。

〈香港航海學校展開新之一頁:港督親臨主持新校舍開幕禮〉,《華僑日報》,1959 年 5 月 27 日。

〈香港理工學院開幕〉,《工商日報》,1972 年 8 月 2 日。

〈培僑中學:培育英才〉,《大公報》,2021 年 4 月 4 日。

〈培德學校重招男生:優化課程拓多元活動〉,《星島日報》,2021 年 9 月 3 日。

〈基督生活團辦學 25 載:以依納爵靈修推動教育〉,《公教報》,2022 年 8 月 12 日。取自 https://kkp.org.hk/past/detail/48374/

〈從海鮮舫的前世今生談文化保育〉,《香港 01》,2022 年 6 月 9 日。取自 https://www.hk01.com/article/779172?utm_source=01articlecopy&utm_medium=referral

〈莫敦梅老師〉,《華僑日報》,1976 年 2 月 6 日。

〈聖公會赤柱小學新校奠基〉,《華僑日報》,1953 年 11 月 15 日。

〈瑪利曼中小學創校九十周年:致力培育女生成為道德領袖〉,《公教報》,2017 年 7 月 7 日。取自 https://kkp.org.hk/past/detail/18543/

〈鴨脷洲大橋今開放:簡悅強爵士主持儀式:人車均可自由往來〉,《工商晚報》,1980 年 3 月 28 日。

〈鴨脷洲大橋平頂儀式:明年下半年可通車〉,《工商晚報》,1978 年 12 月 22 日。

〈鴨脷洲大橋短期將招標〉,《華僑日報》,1976 年 5 月 11 日。

王嵐:〈何東中學校長:延續傳統:培育時尚才德女生〉,《信報》,2018 年 8 月 6 日。取自 https://www1.hkej.com/features/article?q=%23 校長系列 %23&suid=4046461341

王嵐:〈香港航海學校「寄宿」校長:對儀容要求嚴格〉,《信報》,2019 年 9 月 16 日。取自 https://www1.hkej.com/features/article?q=%23 校長系列 %23&suid=2161967527

王嵐:〈聖士提反書院校長:引入 IB 為學生留學做足準備〉,《信報》,2018 年 7 月 23 日。取自 https://www1.hkej.com/features/article?q=%23 校長系列 %23&suid=2545547054

吳康民:〈佛山「簡氏別墅」〉,《文匯報》,2016 年 1 月 11 日。

韋然:〈怪獸大廈〉,《大公網》,2017 年 7 月 16 日。取自 http://www.takungpao.com.hk/culture/text/2017/0716/97853.html

陳天權:〈赤柱與漁民〉,《大公網》,2017 年 1 月 25 日。取自 http://www.takungpao.com.hk/culture/text/2017/0125/56333.html

陳芝銘:〈移山填海:建屋築路:鴨脷洲發展新市鎮〉,《新報人》,1980 年 1 月 22 日。

劉智鵬：〈郭春秧：北角春秧街的發展商（2）〉，《am730》，2012 年 1 月 20 日。取
　　自 https://archive.am730.com.hk/column-89979

潘天惠：〈聖貞德中學校長：留學生涯學會面對自己〉，《信報》，2015 年
　　12 月 7 日。取自 https://www1.hkej.com/features/article?q=%23 校長系
　　列 %23&suid=1341630674

"Belilios Public School: Useful Piece of Public Service." *Hong Kong Daily Press*,
　　September 25, 1941.

"School Prizes: Interesting Taikoo Function Education for Workmen's Children." *South
　　China Morning Post*, January 22, 1925.

Szeto, James, and Thomas Fan. "Wah Yan College, Hong Kong." *Sunday Examiner*,
　　September 29, 1950.

網絡資料

大坑火龍文化館：〈建築保育活化〉，無日期。取自 https://www.firedragon.org.hk/
　　heritage-conservation/

大坑火龍文化館：〈傳承火龍文化〉，無日期。取自 https://www.firedragon.org.hk/
　　inherit-the-fire-dragon-culture/

中國文化研究院：〈開埠至二十世紀初的香港經濟〉，無日期。取自 https://
　　chiculture.org.hk/tc/photo-story/2073

中華傳道會劉永生中學：〈柴灣簡史〉，無日期。取自 https://www.lws.edu.hk/zh_
　　tw/site/view?name= 柴灣簡史

文化葫蘆：〈由小上海至小福建〉，無日期。取自 https://had18.huluhk.org/article-
　　detail.php?id=150&lang=tc

王惠玲：〈南區漁業歷史之旅〉，無日期。取自 https://had18.huluhk.org/article-
　　detail.php?id=147&lang=tc

何東中學：〈何東中學學校歷史簡介〉，無日期。取自 https://hotungss.edu.hk/
　　school-profile/history/

吳康民：〈培僑：從朗園開始〉，2006 年。取自 https://www.pkms.edu.hk/ 傳媒報道
　　/166- 培僑 - 從朗園開始 .html

沈西城：〈蘋果樹下：我的小學老師〉，2013 年。取自 https://www.wykontario.org/
　　index.php/articles-index/about-wyk/880-2013-02-05-04-17-59

東華三院李賜豪小學：〈歷史及發展里程〉，無日期。取自 http://www.twghlchps.
　　edu.hk/tc/ 歷史及發展里程

東蓮覺苑：〈東蓮覺苑〉，無日期。取自 https://www.tlky.org/monasteries/ 東蓮覺苑

非物質文化遺產辦事處：〈大坑舞火龍〉，2021 年。取自 https://www.hkichdb.gov.
　　hk/zht/item.html?51fe10a0-656d-474f-a491-30480b9601d4

皇者仁風校史館：〈皇仁簡史〉，無日期。取自 https://www.qc1862.org/briefhist

皇者仁風校史館：〈高士威道皇仁書院校舍之前世今生〉，無日期。取自 https://
　　www.qc1862.org/funfacts

皇者仁風校史館：〈荷李活道校舍歷史〉，無日期。取自 https://www.qc1862.org/
　　qccampus3dmodels-hlywdrdhist

皇者仁風校史館：〈歷年展覽〉，無日期。取自 https://www.qc1862.org/pastex

香港中文大學天主教研究中心：《十九世紀灣仔的慈善工作導賞手冊》，2015 年。取自 https://www.lordwilson-heritagetrust.org.hk/filemanager/archive/project_doc/27-9-20/20150806_Guidebook.pdf

香港仔工業學校：〈學生寄宿教育計劃簡介〉，無日期。取自 http://www.ats.edu.hk/index.php/2018-12-05-07-42-24/2019-02-25-03-01-00

香港佛教聯合會：〈重要里程碑〉，2020 年。取自 https://www.hkbuddhist.org/75/milestones/

香港旅遊發展局：〈大坑火龍騰空起舞：百年習俗歡慶中秋〉，無日期。取自 https://www.discoverhongkong.com/hk-tc/explore/culture/tai-hang-s-fire-dragon-dance.html

香港航海學校：〈香港航海學校水上活動中心〉，2021 年。取自 https://www.hkss.edu.hk/article/22?m=7646443537484&s=3084322872447

香港航海學校：〈海事科〉，2022 年。取自 https://www.hkss.edu.hk/page/410/?m=7658450438684

香港航海學校：〈宿舍生活〉，2023 年。取自 https://www.hkss.edu.hk/page/364/?m=9790023054775

香港航海學校：〈學校使命〉，2021 年。取自 https://www.hkss.edu.hk/article/43?m=7553615263876&s=7681530313029

香港記憶：〈灣仔海岸線〉，無日期。取自 http://www.hkmemory.org/city_relics/text/index.php?p=home&catId=156&photoNo=0

香港理工大學：〈發展歷史〉，無日期。取自 https://www.polyu.edu.hk/tc/about-polyu/history/

香港聖公會福利協會有限公司：〈定格九龍城：遠東航空學校〉，無日期。取自 https://kowlooncitywalkingtrail.hk/zh-hant/story/details/【定格九龍城】遠東航空學校 /

香港道路大典：〈東區走廊〉，無日期。取自 https://hkroad.fandom.com/wiki/ 東區走廊

香港嘉諾撒學校：〈歷史〉，無日期。取自 https://www.canossahk.edu.hk/ 歷史

香港賽馬會：〈賽馬歷史及百科：賽馬傳奇〉，無日期。取自 https://entertainment.hkjc.com/entertainment/chinese/learn-racing/racing-legacy-and-encyclopedia/racing-legacy.aspx

馬冠堯：〈香港船塢史略：重大轉變〉，2017 年。取自 https://www.mardep.gov.hk/theme/port_hk/hk/p2ch1_2.html

培英中學：〈培英校史〉，無日期。取自 https://www.puiying.edu.hk/article.php?id=23

培僑中學：〈關於培僑中學〉，無日期。取自 https://www.pkms.edu.hk/ 培僑簡介 .html

培僑校友會：〈祝賀陳曙光老師百歲壽辰〉，《培僑校友會會訊》，2010 年 4 月，頁 4。取自 http://puikiu.org.hk/wp-content/uploads/2011/01/file_201004.pdf

陳天權：〈香港仔的中西共融〉，2017 年。取自 https://www.thinkhk.com/article/2017-07/26/22137.html

陳天權：〈歷史：東區〉，無日期。取自 https://had18.huluhk.org/article-history.php?region=3&cate=1&lang=tc

陳天權：〈隱藏中環的古典教堂〉，《灼見名家》，2016 年。取自 https://www.master-insight.com/ 隱藏中環的古典教堂 /

筲箕灣崇真學校：〈歷史、宗旨、使命〉，無日期。取自 https://www.skwtts.edu.hk/site/view?name= 歷史、宗旨、使命

聖士提反書院：〈文物保育計劃〉，無日期。取自 https://www.ssc.edu.hk/zh_tw/site/view?name=Heritage＋Project

聖士提反書院：〈書院歷史〉，無日期。取自 https://www.ssc.edu.hk/zh_tw/site/view?name=College＋History

聖士提反書院：〈聖士提反書院文物徑〉，2009 年。取自 https://www.ssc.edu.hk/links/ssctrail/chi/index.html

聖伯多祿天主教小學：〈學校歷史：簡介〉，無日期。取自 http://www.spcps.edu.hk/CP/pG/3/2/4

聖保祿學校（小學部）：〈沙爾德聖保祿女修會在港服務簡史（1848-1999）〉，無日期。取自 http://www.spcspr.edu.hk/sistershkc.htm

聖貞德中學：〈School History〉，無日期。取自 https://www.sja.edu.hk/CP/pG/4/3/4

聖雅各福群會：〈關於藍屋：歷史〉，無日期。取自 https://vivabluehouse.hk/tc/menu/10/history

嘉諾撒書院：〈學校簡史〉，2011 年。取自 https://www.canossa.edu.hk/index.php/our-school/our-school-campus-meny-style/school-history

嘉諾撒聖心學校：〈學校歷史〉，2021 年。取自 https://www.shcs.edu.hk/it-school/php/webcms/files/upload/tinymce/school_history/2021_revised_1627873341.pdf

劉智鵬：〈香港人口的組成與流動〉，2016 年。取自 https://commons.ln.edu.hk/jchkhlp_talks/2/

鄧希煒：〈香港經濟政策演變〉，無日期。取自 https://www.edb.gov.hk/attachment/tc/curriculum-development/kla/pshe/references-and-resources/economics/Exploration%20of%20Economic%20Restructuring%20of%20Hong%20Kong_upload.pdf

鄧肇堅維多利亞官立中學：〈學校歷史〉，無日期。取自 https://www.tskvgss.edu.hk/tc/school-history

鴨脷洲街坊學校：〈2022-2023 學校簡介〉，2022/23 年。取自 https://www.akps.edu.hk/pages/22-23 校訊 .pdf

寶覺小學：〈學校歷史〉，無日期。取自 http://www.pokokps.edu.hk/about/history.html

蘇萬興：〈東區簡史〉，無日期。取自 http://somanhing.com/gotowalk/dist/east/easthistory.pdf

Marymount Primary School. *Our History*, n.d. Retrieved from https://www.mps.edu.hk/school_profile.php?id=1

Marymount Secondary School. *History*, n.d. Retrieved from https://www.mss.edu.hk/en/content.php?wid=23

Marymount Secondary School. *Religious Education*, n.d. Retrieved from https://www.mss.edu.hk/en/content.php?wid=26

Sacred Heart Canossian College. *Our Campus*, n.d. Retrieved from https://shcc.edu.hk/AboutSHCC/OurCampus/

Sacred Heart Canossian College. *School History*, n.d. Retrieved from https://shcc.edu.hk/about.php?r=46&cid=46

Sisters of St Paul de Chartres (Hong Kong). *Beginning in Hong Kong*, n.d. Retrieved from http://www.srspc.org.hk/en/origin_hk.php

Wah Yan College, Hong Kong. *Wah Yan History*, n.d. Retrieved from https://web.wahyan.edu.hk/college/heritage/

政府文件及刊物等

古物古蹟辦事處：〈赤柱聖士提反書院的書院大樓〉，2022 年。取自 https://www.amo.gov. hk/tc/historic-buildings/monuments/hong-kong-island/monuments_100/index.html

古物古蹟辦事處：〈東蓮覺苑〉，2022 年。取自 https://www.amo.gov.hk/tc/historic-buildings/monuments/hong-kong-island/monuments_115/index.html

古物諮詢委員會：〈香港跑馬地山光道 15 號東蓮覺苑文物價值評估報告〉，2017 年 6 月 8 日。取自 https://www.aab.gov.hk/filemanager/aab/common/178meeting/aab-9-annex-a-b5.pdf

立法會秘書處資料研究組：〈香港職業教育發展的回顧〉，2015 年 8 月 13 日。取自 https:// www.legco.gov.hk/research-publications/chinese/1415in15-review-of-development-of-vocational-education-in-hong-kong-20150813-c.pdf

地政總署：〈香港地理資料〉，2023 年。取自 https://www.landsd.gov.hk/tc/resources/ mapping-information/hk-geographic-data.html

南區區議會：《南區剖析報告》。香港：香港政府印務局，1992 年。

南區區議會：〈鴨脷洲海面傳道會小學遺址的土地用途、治安及環境衛生問題〉，議會文件 136/2004 號，2004 年 11 月。取自 https://www.districtcouncils.gov.hk/archive/south_d/ pdf/2004/S_2004_136_TC.pdf

政府統計處：〈2021 年人口普查地區概覽〉，2022 年。取自 https://www.census2021.gov. hk/tc/district_profiles.html

政府統計處：〈表 110-02001：按區議會分區劃分的陸地面積、年中人口及人口密度〉， 2023 年。取自 https://www.censtatd.gov.hk/tc/web_table.html?id=110-02001

政府統計處：《香港的發展（1967-2007）：統計圖表集》。香港：政府統計處，2008 年。

政府新聞處：〈推十二年免費教育〉，《香港政府新聞網》，2007 年 10 月 10 日。 取自 https://www.news.gov.hk/isd/ebulletin/tc/category/atschool/071010/ html/071010tc02001.htm

香港特別行政區政府：〈灣仔海濱「渡輪碼頭畔主題區」進一步開放〉（新聞稿），2021 年 3 月 19 日。取自 https://www.info.gov.hk/gia/general/202103/19/P2021031900175.htm

香港特別行政區政府：《香港：邁進新紀元》，1998 年。取自 https://www.yearbook.gov. hk/1997/cindex.htm

香港特別行政區政府工業署：《香港工商業》。香港：香港特別行政區政府工業署，1999 年。

教育局：〈教育局分區學校名冊〉，2022 年。取自 https://www.edb.gov.hk/tc/student-parents/sch-info/sch-search/schlist-by-district/index.html

教育委員會：《教育委員會對香港未來十年內中等教育擴展計劃報告書》。香港：香港政府 印務局，1973 年。

魚類統營處：《香港魚類統營處（一九七零至七一年度）年度報告書》。香港：魚類統營 處，1971 年。

選舉管理委員會：〈區議會選區分界圖：灣仔區〉，2019 年。取自 https://www.eac.hk/pdf/ distco/2019dc/final/dc2019b.pdf

"Education and Welfare Institutions." *Report on the Social & Economic Progress of the People of the Colony of Hong Kong for the Year 1939*, 1940. Retrieved from https://sunzi.lib.hku. hk/hkgro/view/a1939/1068.pdf

"Report on the Evening Continuation Classes." *Sessional Papers for the Year 1907*, 1907. Retrieved from https://digitalrepository.lib.hku.hk/catalog/vx027470q

Administrative Reports for the Year 1913, 1914. Retrieved from https://digitalrepository.lib.hku.
hk/catalog/9g553s28f

Annual Report on Hong Kong for the Year 1946. Hong Kong: Government Printer, 1947.

Census & Statistics Department, Hong Kong. *Hong Kong Statistics 1947-1967*, 1969. Retrieved
from https://www.statistics.gov.hk/pub/hist/1961_1970/B10100031967AN67E0100.pdf

Director of Agriculture and Fisheries Department. *Annual Departmental Reports 1967-68*. Hong
Kong: Government Printer, 1968.

Education 1913, 1914. Retrieved from https://sunzi.lib.hku.hk/hkgro/view/b1913/51913024.pdf

Education 1936, 1937. Retrieved from https://sunzi.lib.hku.hk/hkgro/view/b1936/51936024.pdf

Education Department, Hong Kong. *Education Report for 1900*, 1901. Retrieved from https://
digitalrepository.lib.hku.hk/catalog/d217x8237

Education Ordinance 1913, 1939. Retrieved from https://oelawhk.lib.hku.hk/archive/files/08902
a69ced682722f0cee20ae256dc2.pdf

Hong Kong 1981: A Review of 1980. Hong Kong: Government Printer, 1981.

Hong Kong: Report for the Year 1969. Hong Kong: Government Printer, 1970.

*Technical Education in Hong Kong: Handbook for the Technical Education Branch, Technical
Institutes and the Technical Teachers' College*. Hong Kong: Government Printer, 1976.

The Hong Kong Government Gazette: Government Notification No. 20, 22 February 1862.
Retrieved from https://sunzi.lib.hku.hk/hkgro/view/g1862/718985.pdf

校刊及紀念特刊等

太古小學：《太古小學 90 周年紀念特刊》。香港：太古小學，2013 年。

何東中學：《何東中學創校五十周年紀念特刊 1953-2003》。香港：何東中學，2003 年。

何冠環等編：《皇仁書院歷史圖片集（1862-1992）》。香港：皇仁書院，1993 年。

東華三院李賜豪小學：《東華三院李賜豪小學六十周年校慶特刊（1958-2018）》。香港：東
華三院李賜豪小學，2018 年。

東華三院李賜豪小學：《東華三院李賜豪小學命名典禮》。香港：東華三院李賜豪小學，
1971 年。

金文泰中學：《金文泰中學九十五周年校慶特刊 1926-2021》。香港：金文泰中學，2021 年。

金文泰中學：《金文泰中學九十周年校慶特刊 1926-2016》。香港：金文泰中學，2016 年。

香港仔工業學校：《八十五載‧主寵常在：承傳開拓‧共創未來：香港仔工業學校八十五
周年校刊》。香港：香港仔工業學校，2020 年。

香港仔工業學校：《香港仔工業學校建校六十週年鑽禧紀念特刊》。香港：香港仔工業學校，
1995 年。

培僑中學：《培僑中學七十五周年校慶紀念特刊 1946-2021》。香港：培僑中學，2021 年。

培僑中學：《培僑中學七十周年校慶紀念特刊 1946-2016》。香港：培僑中學，2016 年。

聖類斯中學：《聖類斯中學九十周年紀念特刊》。香港：聖類斯同學會有限公司，2018 年。

漢華中學：《漢華中學七十周年校慶特刊：春風化雨七十年》。香港：漢華中學，2016 年。

漢華中學：《漢華中學六十五周年紀念特刊》。香港：漢華中學，2010 年。

鄧肇堅維多利亞工業學校：《鄧肇堅維多利亞工業學校六十週年紀念特刊 1933-1993》。香
港：鄧肇堅維多利亞工業學校，1993 年。

鄧肇堅維多利亞官立中學：《校史校情：鄧肇堅維多利亞官立中學》。香港：鄧肇堅維多利亞官立中學，2008 年。

鄧肇堅維多利亞官立中學：《啟迪創新：鄧肇堅維多利亞官立中學創校八十周年》。香港：鄧肇堅維多利亞官立中學，2013 年。

鴨脷洲街坊學校：《十載新里程共創好明天：鴨脷洲街坊學校 1987-1997》。香港：鴨脷洲街坊學校，1997 年。

鴨脷洲街坊學校：《鴨脷洲街坊學校創校五十周年金禧慶典特刊》。香港：鴨脷洲街坊學校，2004 年。

鴨脷洲街坊學校：《鴨脷洲街坊學校創校六十周年鑽禧慶典特刊 1954-2014》。香港：鴨脷洲街坊學校，2014 年。

鴨脷洲街坊學校：《鴨脷洲街坊學校開幕典禮》。香港：鴨脷洲街坊學校，1989 年。

Belilios Public School. *A Touch of Green*. Hong Kong: Belilios Public School, 2021.

Belilios Public School. *Belilios Public School 120 Years Memoir 1890-2010*. Hong Kong: Belilios Old Girls Foundation, 2010.

Belilios Public School. *Evergreen*. Hong Kong: Belilios Public School, 2007.

Marymount Secondary School, and Marymount Primary School. *80th Anniversary Album 1927-2007*. Hong Kong: Marymount Secondary School and Marymount Primary School, 2007.

Marymount Secondary School, and Marymount Primary School. *85th Anniversary 1927-2012*. Hong Kong: Marymount Secondary School and Marymount Primary School, 2012.

Marymount Secondary School, and Marymount Primary School. *Marymount 60th Anniversary*. Hong Kong: Marymount Secondary School and Marymount Primary School, 1987.

Marymount Secondary School, and Marymount Primary School. *MSS & MPS 90th Anniversary Album 1927-2017*. Hong Kong: Marymount Secondary School and Marymount Primary School, 2017.

Sacred Heart Canossian College. *Cutting Edge of Magdalene's Mission: Canossian Missions, 150th Anniversary Publication, Sacred Heart Canossian College*. Hong Kong: Canossian Missions (HK) and Sacred Heart Canossian College, 2010.

Sacred Heart Canossian College. *Era Nova 82-83*. Hong Kong: Sacred Heart Canossian College, 1983.

Sacred Heart Canossian College. *Sacred Heart Canossian College (1860-1990) 130 Anniversary*. Hong Kong: Sacred Heart Canossian College, 1990.

Sacred Heart Canossian College. *Sacred Heart Canossian College 120th Anniversary Yearbook*. Hong Kong: Sacred Heart Canossian College, 1980.

Sacred Heart Canossian College. *Sacred Heart Canossian College 145th Anniversary Issue*. Hong Kong: Sacred Heart Canossian College, 2005.

St Stephen's College. *The Chimes 1928*. Hong Kong: St Stephen's College, 1928.

Wah Yan College, Hong Kong. *The Star*. Hong Kong: Wah Yan College, Hong Kong, 1933.

Wah Yan College, Hong Kong. *The Star*. Hong Kong: Wah Yan College, Hong Kong, 1936.

Wah Yan College, Hong Kong. *The Star*. Hong Kong: Wah Yan College, Hong Kong, 1937.

Wah Yan College, Hong Kong. *The Star*. Hong Kong: Wah Yan College, Hong Kong, 1941.

Wah Yan College, Hong Kong. *The Star*. Hong Kong: Wah Yan College, Hong Kong, 1953.

鳴謝 ＊學校／機構名稱按中文筆畫排序

本書內容經多番考證修訂，編著者李子建、鄭保瑛、鄧穎瑜及香港教育大學香港教育博物館團隊，謹此致謝中華書局（香港）有限公司的鼎力支持，並感謝以下一眾學校、機構和每一位的支持、分享和賜正，並為本書提供珍貴的照片：

學校／機構	
太古小學	陳綺梅校長 黃文龍副校長 甄洵芝先生
太古歷史檔案部	施清女士 林明賢女士 陳君堯小姐
何東中學	鄭邵錦嫦校長 曾羅婉芬副校長 江美儀女士 李佩儀女士 何鳳蓮博士 徐尉玲博士 陳念慈女士 莫柳眉女士 廖鍾眉伍女士 蘇玉華女士
庇理羅士女子中學	王徽校長 林文德副校長 方黃吉雯女士 盧敏儀女士 鄺勵齡女士
沙爾德聖保祿女修會	

（續上表）

金文泰中學	馮黎妙儀校長 李國培副校長 周侃若先生 梁永義先生 曾蔭培先生 楊興安博士 胡展僑老師
東華三院文物館	
東華三院李賜豪小學	余達智校長 周偉沛先生 張炳良教授 麥錦雄先生 雷雄德博士 雷鼎鳴教授
皇仁書院	梁路得校長 劉震先生 黎慶寧教授 余王思美老師
政府檔案處歷史檔案館	
香港大學圖書館	
香港公共圖書館	
香港仔工業學校	沈明輝校長 尹慶源教授 李劍華先生
香港房屋委員會	
香港特別行政區政府	
香港航海學校	陳道沛校長 陳嘉熙先生 曾文青先生
香港華仁書院	陳偉倫校長 高世章先生 譚廣亨教授
香港歷史博物館	

（續上表）

紀歷有限公司	
培僑中學	伍煥杰校長
	楊永杰議員
	盧碧瑜博士
	羅耀威先生
	李麗明小姐
聖士提反書院	錢果豐博士（校董會主席）
	楊清校長
	溫健儀女士
	陳國培老師
聖保祿學校	黃金蓮校長
	陳英凝教授
	鄺希美女士
瑪利曼小學	勞家明校長
	鄒達成副校長
	謝穎琪副校長
	甯漢豪女士
	鄭玉鸞博士
瑪利曼中學	何建儀校長
	江馨平女士
	馬慧敏女士
漢華中學	關穎斌校長
	李雁怡女士
	貝鈞奇先生
	翁金驊先生
	劉佩珊女士
鄧肇堅維多利亞官立中學	賴炳輝校長
	陳華偉先生
	嚴志明教授
	甘綺婷老師
	林國傑老師
嘉諾撒聖心書院	霍慧敏校長
	盧舜劭女士
	鍾林鉅沛女士

（續上表）

鴨脷洲街坊學校	布惠芳校長
	陳敬然先生
	簡啟羽先生
	郭明蕙同學
	黃正行同學
	馮珀雯同學
	譚梓軒同學

Maryknoll Mission Archives

個人

甘偉強博士
江婉怡女士
林秋彤小姐
區婉儀女士
黃詠筠小姐

主編｜　李子建　鄭保瑛　鄧穎瑜

編著｜　李子建　鄭保瑛　鄧穎瑜　林蘇晗
　　　　姚依彤　高彥靜　戚紹忠
　　　　香港教育大學香港教育博物館

責任編輯　郭子晴

裝幀設計　簡雋盈

排　　版　簡雋盈

印　　務　劉漢舉

出版
中華書局（香港）有限公司
香港北角英皇道 499 號北角工業大廈 1 樓 B
電話：（852）2137 2338
傳真：（852）2713 8202
電子郵件：info@chunghwabook.com.hk
網址：http://www.chunghwabook.com.hk

發行
香港聯合書刊物流有限公司
香港新界荃灣德士古道 220 - 248 號
荃灣工業中心 16 樓
電話：（852）2150 2100
傳真：（852）2407 3062
電子郵件：info@suplogistics.com.hk

印刷
美雅印刷製本有限公司
香港觀塘榮業街 6 號海濱工業大廈 4 樓 A 室

版次
2023 年 7 月初版
©2023 中華書局（香港）有限公司

規格
16 開（230mm x 170mm）

ISBN
978-988-8860-00-5

封面圖片來源：

何東中學
東華三院李賜豪小學
皇仁書院
香港大學圖書館
香港特別行政區政府
培僑中學
瑪利曼中學
Maryknoll Mission Archives